Refaire
sa vie
pourquoi pas?

RUSTY ROTHMAN

Refaire sa vie

pourquoi pas?

Traduit par Lorraine Boisvenue

Par quelqu'un qui a réussi...

Données de catalogage avant publication (Canada)

Rothman, Rusty, 1930-

   Refaire sa vie: pourquoi pas?

   Traduction de : How to find another husband —
by someone who did.

   2-89111-257-1

   1. Remariage.   2. Fréquentations.   3. Choix du conjoint.
I. Titre.

HQ1019.U6.R6714 1986   646.7'7   C86-096054-4

Publié par Writer's Digest Books, Cincinnati, Ohio.

Maquette de la couverture: France Lafond.

Photocomposition et mise en pages: Helvetigraf, Québec.

© Éditions Libre Expression, 1987

Dépôt légal:
1er trimestre 1987

ISBN 2-89111-257-1

Table des matières

Introduction

À cinquante et un ans, j'ai trouvé un nouveau mari. Auparavant, pendant trois belles années, j'ai su profiter de ma vie de célibataire. Je me sentais rarement seule et j'ai vécu quatre relations amoureuses de qualité. Et je ne suis pas la seule à qui cela est arrivé: de plus en plus de femmes qui ont passé la quarantaine vivent des amours passionnantes, se font courtiser comme des collégiennes et se remarient. Une femme de soixante-deux ans, veuve pour la seconde fois, me racontait récemment sa rencontre et son remariage avec un homme merveilleux. Croyez-moi, quel que soit son âge, une femme peut trouver la passion et l'amour.

Quand, après vingt-huit ans de mariage, j'ai divorcé, mes amies me racontaient toutes sortes d'histoires pas tellement encourageantes au sujet de femmes de leurs connaissances qui avaient osé quitter la sécurité d'un mariage pour tenter «quelque chose de mieux». Je voulais vivre autre chose, ma vie de couple ne me satisfaisant plus, et j'ai quitté mon mari malgré mes peurs et mes hésitations. Je sais que mes lectrices n'auront pas toutes choisi de redevenir célibataires. Vous êtes peut-être veuve, ou peut-être aviez-vous l'impression de vivre un mariage heureux jusqu'au jour où votre mari a demandé le divorce. Mais nous avons beaucoup en commun. Moi aussi j'ai dû faire face à ma vie de célibataire et je tiens à vous rassurer; vous pouvez, comme moi, jouir de votre vie de célibataire et trouver un nouveau mari.

Je me suis mariée à dix-neuf ans durant les années cinquante. Ça vous dit quelque chose? J'avais toujours vécu chez mes parents et j'acceptais parfaitement la mentalité de l'époque: la vie de couple, l'enfantement et la carrière de femme au foyer. Bref, j'ai mené une vie traditionnelle. Mes quatre filles étaient adorables, ma situation économique, présentable, mais mon mariage ne me rendait pas heureuse et je n'avais nulle part où aller. Ma mère était morte, je n'avais pas d'argent à moi, j'avais interrompu mes études collégiales et j'avais travaillé à peine un an comme secrétaire avant mon mariage. Il ne me paraissait pas vraiment possible d'élever seule mes quatre enfants et, à la réflexion, je crois que j'avais probablement raison.

Je n'ai jamais apprécié les divertissements dans le genre bénévolat organisé, déjeuners de dames, jeux de cartes ou commérages. Et quand il m'arrivait de jouer aux cartes, j'avais toujours l'impression que je ne vivais pas vraiment, que je devrais être ailleurs en train d'accomplir quelque chose.

En 1964, mes enfants étaient déjà plus indépendants. La plus jeune de mes filles avait commencé à fréquenter l'école et je voyais le reste de ma vie se dérouler un peu comme sur un écran de cinéma. Le spectacle ne me réjouissait guère. Un nouveau collège communautaire venait d'ouvrir ses portes à Miami et je décidai de m'y inscrire et de tenter de compléter mes études.

J'étais terrifiée. J'avais été une excellente élève au secondaire, mais je n'avais pas mis les pieds dans une classe depuis dix-sept ans. Je me sentais un peu intimidée d'être la seule élève de trente-quatre ans mais, à tout prendre, j'adorais ça. J'ai pris un cours à la fois, le soir, quand les enfants étaient nourris, baignés, prêts à aller dormir. En 1969, après cinq ans d'études et un séjour dans deux universités, j'ai obtenu mon bac en psychologie. Mes filles ont été extraordinaires pendant ces années-là, elles m'ont constamment encouragée et aidée à vivre le quotidien.

À la fin de mes études, j'ai obtenu un poste aux Services familiaux de l'État, en Floride — mon premier vrai travail— ce qui m'a permis de me payer un traitement en psychothérapie. J'étais consciente que j'entrais en thérapie pour trouver la force et le courage de quitter mon mari et je me sentais terriblement coupable. Il n'ignorait pas que j'étais malheureuse, mais il refusait que notre situation change. Je savais pourtant que c'était à moi d'agir.

En 1970, grâce à une subvention de notre agence locale des Services familiaux juifs je pus retourner aux études à plein temps pour compléter mon cours en sciences sociales. J'y ai consacré deux ans de travail intensif et, là encore, mes filles ont su m'aider et m'encourager sans jamais se plaindre de mes horaires un peu fous.

Après avoir obtenu mon diplôme, en 1972, j'ai demandé à mon mari le divorce, mais l'idée de briser notre famille le démontait à un point tel que je suis restée avec lui pendant encore six ans. À ce moment-là, la plus jeune de mes filles était en deuxième année au collège. Plus d'excuses: j'entrepris les procédures de divorce.

Pendant tout ce temps je travaillais. D'abord comme travailleuse sociale dans une clinique où l'on s'occupait des alcooliques et, plus tard, en tant que directrice d'une clinique, externe cette fois. Mon travail exigeait que j'anime des thérapies de groupes, des thérapies individuelles, et que je planifie de nouveaux programmes.

Plus tard, en pratique privée avec un collègue, nous avons fondé un centre communautaire où nous avons travaillé avec des gens de tous les milieux. Plusieurs d'entre eux songeaient au divorce, vivaient l'angoisse d'une séparation ou souffraient de problèmes d'adaptation à la suite d'une rupture de leur mariage.

C'est alors que j'ai commencé à m'intéresser à la vie que mènent les femmes dites d'âge mûr. J'entendais souvent les hommes nous les décrire comme étant «névro-sées», «en ménopause», «dépressives», «folles», ou souffrant du «syndrome du nid vidé». Entre-temps, par-tout autour de moi, je voyais ces mêmes femmes belles et bien dans leur peau, soulagées de voir leurs enfants enfin quitter la maison, relever des défis dans le monde du tra-vail; des femmes occupées à faire des choses intéressan-tes. J'observais aussi mes filles et leurs amies, toutes des femmes dans la vingtaine ou la trentaine, en pleine quête d'amour et d'engagement. J'avais donc aussi accès aux préoccupations et aux problèmes de femmes plus jeunes et je continuais à lire tout ce qui concernait les relations entre hommes et femmes.

Au moment de mon divorce, je me suis jointe à un groupe dit d'adaptation au divorce que fréquen-taient des hommes et des femmes de tous âges, vivant seuls depuis plus ou moins longtemps. Plus tard, j'ai animé des groupes semblables pour le YWCA et notre collège communautaire local. On m'a beaucoup ai-dée moralement pendant mon divorce; j'ai eu un sup-port professionnel, bien sûr, mais surtout le support moral de mes amis et de ma famille. Mais le plus impor-tant, je crois, c'est que j'avais une attitude positive qui attirait les gens à moi. J'étais rarement seule ou solitaire; les hommes, les amis et les connaissances recherchaient ma compagnie. Celles d'entre vous qui n'ont pas choisi d'être célibataires devront travailler un peu pour acquérir cette attitude positive et je vous montrerai comment y parvenir.

Après trois années de vie de célibataire heureuse, j'ai ressenti le besoin d'un nouveau compagnon, et je l'ai trouvé.

Quand j'étais célibataire, j'ai passé des heures et des heures à «jaser» avec d'autres femmes seules. Elles m'ont parlé de leurs peurs et de leurs hésitations, de leurs besoins, de leurs rêves et de leurs désirs. Les pages qui sui-vent sont, en fait, un dialogue entre ces femmes célibatai-res que j'ai connues et moi. Ce dialogue répond à vos questions; il vous apprendra comment vivre heureuse en tant que femme célibataire et comment trouver l'homme avec lequel vivre un nouveau mariage. Les réponses sont le fruit de mon expérience professionnelle en tant que travailleuse sociale et psychothérapeute, ainsi que de mes expériences personnelles.

J'ai interviewé beaucoup de femmes bien remariées et j'ai consigné leurs conseils dans cet ouvrage. Elles sont toutes d'accord avec moi: il ne manque pas d'hommes disponibles si vous cherchez un mari, et c'est bien de désirer vivre mariée plutôt que seule. Toutes sont également d'avis qu'entre deux mariages la vie peut être passionnante et revalorisante.

L'approche de ce livre, face aux réalités de la vie de la femme célibataire d'aujourd'hui, est franchement optimiste. Se défendant bien d'être l'antithèse du mouvement féministe, l'ouvrage conseille l'utilisation de méthodes dites féminines pour trouver son homme. Par «méthodes féminines» j'entends tout simplement qu'on doit se sentir libre d'exprimer ses qualités féminines; je ne propose pas qu'on se joue des hommes, qu'on les manipule ou qu'on les trompe. J'ai fait beaucoup de recherches sur le mariage et le remariage, et j'ai noté ici quantité de faits et de tendances qui vous aideront à décider si vous désirez vraiment vous remarier ou si vous en avez besoin. Et quand vous aurez décidé, quand vous serez certaine de vouloir un nouveau mari, vous pourrez y travailler joyeusement, armée du savoir — nous savons toutes que c'est là où réside le pouvoir. Comme d'ailleurs dans toute entreprise, si vous êtes bien informée vous saurez en tirer parti et mieux atteindre votre but. Sachez profiter des conseils de cet ouvrage et vous trouverez mari.

CHAPITRE UN

Seule encore...
et y prendre goût

Donc vous êtes seule. Divorce ou veuvage, c'est peut-être récent, mais peut-être êtes-vous seule depuis un certain temps. Vous le savez bien, peu de choses durent toute une vie. Henry Miller disait que «la notion de permanence est une illusion absurde. Le changement est la chose la plus permanente dans tout l'univers.»

Vous savez que vous allez devoir faire face à la vie d'une façon ou d'une autre. Vous voici maîtresse de votre barque: c'est à vous de prendre les décisions qui influenceront la qualité du reste de votre existence. Vous ne pouvez fuir cette responsabilité. Refuser de prendre une décision, c'est déjà décider — vous avez décidé de ne pas prendre de décision!

Si vous êtes en train de me lire, c'est que vous avez probablement déjà pensé au remariage et que vous préféreriez vivre le reste de votre vie avec un mari.

Si c'est le cas, vous êtes en excellente compagnie. La plupart des hommes et des femmes divorcés se remarient dans les six ans qui suivent leur divorce. (Les veufs et les veuves se remarient aussi, mais à un rythme plus lent et le pourcentage est moindre.) Divorcer n'est pas forcément rejeter la notion du mariage mais désavouer le choix d'un partenaire, erreur que la plupart des gens croient pouvoir corriger la prochaine fois. Le divorce est de moins en moins perçu comme une défaite, mais plutôt comme une évolution au plan du développement personnel.

Et c'est bien de désirer vivre une relation de couple solide. Bien sûr, une femme peut et devrait se sentir autonome et valorisée même quand il n'y a pas d'homme dans sa vie. Pourtant beaucoup de femmes (et d'hommes!) estiment que la vie de célibataire ne convient pas à leur personnalité; ils se sentent plus confortables et plus heureux quand ils partagent leur vie avec un partenaire.

Il faut oublier ce mythe qui veut qu'il soit sinistre ou affreux, dans notre société, de se retrouver divorcée ou veuve. C'est une période qui, dans la vie d'une femme, peut être intéressante, vivifiante; de quoi vous valoir un diplôme au plan du changement et du développement personnel. Nous vivons à une époque extraordinaire pour les femmes célibataires: il n'y a plus de limites à nos horizons. J'ai su me divertir en tant que célibataire «au bord de la cinquantaine»; vous pouvez, vous aussi, prendre goût à ce genre de vie. C'est d'abord une question d'attitude.

Je sais, ce fut peut-être plus facile dans mon cas parce que c'est moi qui ai pris la décision de mettre fin à mon mariage. C'est sûrement plus pénible pour une veuve, ou pour une femme que son mari a quittée pour une autre, d'accepter au début sa vie de célibataire. Mais une fois passé le choc initial, vous aussi pourrez commencer à croire que tout est possible dans votre nouvelle vie, et bientôt vous mènerez une vie de célibataire remplie, passionnante. Mais vous devrez travailler un peu pour faciliter le processus. Derrière toute entreprise valable il y a toujours beaucoup de travail. Et les femmes ont trop souvent tendance à attendre que tout leur arrive sans effort.

Je comprends les difficultés que vous éprouvez. Plusieurs ont de jeunes enfants à la maison; d'autres, des adolescents. Les unes se retrouvent complètement seules dans la vie, les autres ont des problèmes financiers. Certaines sont plus instruites ou plus belles... mais vous pouvez toutes vous mettre davantage en valeur et améliorer la qualité de votre vie. Et c'est maintenant qu'il faut commencer.

Si votre divorce, ou votre deuil, est récent, vous avez peut-être peur de l'avenir. Il ne faut pas. Il ne faut surtout pas exagérer et croire que c'est terrible d'être seule. Ainsi, plusieurs d'entre vous ont un ex-mari prêt à les aider dans l'éducation de leurs enfants, même si c'est elles qui en ont la garde. Certains hommes savent mieux s'impliquer que d'autres, il est vrai, mais la plupart sauront au moins vous aider un peu en cas d'urgence. Et vous avez des amis et de la famille.

Vous n'avez peut-être jamais tenu un carnet de chèques, organisé vos propres vacances, ou réglé seule des problèmes de plomberie ou de mécanique; mais tout ça s'apprend, croyez-moi! De nos jours, de plus en plus de femmes s'impliquent dans le monde des affaires, et savent fort bien mener leur vie privée et administrer le bureau ou la boutique de quelqu'un d'autre. Une femme qui a su s'occuper de sa maison et de ses enfants toute sa vie est parfaitement capable de gérer une petite entreprise, n'est-ce pas! Pensez seulement aux prérequis: être capable d'assumer plusieurs tâches en même temps... sauter du lit au milieu de la nuit et savoir d'instinct réagir face à un cas d'urgence... s'attaquer à des corvées désagréables même quand on n'en a pas envie... savoir mettre à profit ses connaissances en relations humaines pour faciliter les relations familiales. De plus, vous êtes expérimentée sexuellement, vous avez de la maturité et de la ténacité. Bien sûr, ce célibat auquel vous ne vous attendiez peut-être pas ne ressemble pas à un voyage organisé. Vous avez l'impression de voguer vers l'inconnu, un peu comme quand vous vous êtes mariée, comme d'ailleurs chaque fois que vous avez commencé à vivre quelque chose de neuf.

Oui, mais je me sens si seule.
Mais vous ne l'êtes pas. Vous êtes même en excellente
compagnie. Sur un total de 92 228 000 de femmes aux
États-Unis, on compte près de vingt millions de femmes
célibataires âgées de plus de trente ans, et près de quinze
millions de femmes célibataires âgées de plus de
quarante-cinq ans. Et dans ce groupe des plus de trente
ans, à peu près six millions sont divorcées et presque onze
millions sont veuves. Entre 1960 et 1981, le nombre de
femmes divorcées aux États-Unis a augmenté de presque
cinq millions, et celui des veuves de deux millions et demi.
Bien sûr, le nombre total des femmes a aussi augmenté de
16 300 000, mais il reste que près de 27 pour cent des femmes américaines âgées de plus de vingt-neuf ans sont
divorcées ou veuves.

C'est peut-être vrai, mais j'ai encore mal.
Selon votre évolution psychologique face à votre divorce
ou à votre veuvage, il est possible que vous manifestiez
plusieurs réactions tels la peur, l'angoisse, la colère, la
culpabilité, la dépression, le chagrin ou une perte de confiance en soi. C'est normal et, avec le temps, tout s'ar-
range. Finalement, nous en arrivons toutes au point où
nous acceptons la situation et décidons de continuer à
vivre. Bien sûr, il vous arrivera d'y penser encore, d'avoir
mal, mais ces sentiments de deuil et de perte ne doivent
pas vous paralyser émotionnellement ou vous empêcher
de vivre vraiment. Il se peut que vous vous lanciez à l'ex-
cès dans les sorties et les aventures sexuelles pour vous
rassurer et vous prouver que vous êtes toujours séduisante. Vous ressentirez peut-être aussi le besoin de vous
retirer et de pleurer votre perte pendant un certain temps,
ou peut-être déciderez-vous de consacrer toutes vos énergies à votre travail ou à vos enfants. C'est normal
d'adopter des comportements extrêmes au début. Si une
telle façon d'agir dure plus d'un an, je crois que vous
devriez songer à consulter un thérapeute professionnel.

Pourriez-vous élaborer un peu?
Je ne vois vraiment pas pourquoi quelqu'un
en pleine possession de ses moyens
désirerait consulter un thérapeute en santé mentale.
Clarifions d'abord la situation. Il ne s'agit nullement de
dire qu'une personne a besoin d'aide parce qu'elle est
«folle». La personne qu'il est possible d'aider par le biais
d'une intervention thérapeutique, c'est justement celle
qui n'est pas folle et qui fonctionne bien la plupart du
temps. C'est quelqu'un qui est peut-être en train de vivre
une période de stress, ou tout simplement une personne
qui veut en arriver à une meilleure compréhension d'elle-
même. (J'exclus de la présente discussion les thérapies en
profondeur et à long terme. Ce type de thérapie s'impose
si vous souffrez d'anxiété paralysante, de dépression, de
névroses sévères ou de maladies physiques à composantes
psychiques. Une psychanalyse à long terme constitue une
méthode de restructuration de la personnalité et de la
façon dont l'individu prend sa vie en main, mais peu de
gens disposent du temps et de l'argent nécessaires.)

Après la rupture d'un mariage ou d'une relation à
long terme, l'homme et la femme vivent une période de
deuil, consciemment ou non. À cela viennent toujours se
greffer des sentiments de colère ou de culpabilité. Celui
qui quitte se sent coupable, celui qui reste connaît la
colère. Si on ne fait pas face à ces réactions, elle peuvent
devenir la cause de maladies physiques ou de dépression
(ne l'oublions pas, le corps a une tête). Certains individus
privilégiés savent, on dirait d'instinct, faire face aux
périodes de stress dans leur vie. Ils arrivent à parler de
leurs problèmes à leurs amis intimes, à maîtriser des techniques de relaxation ou de méditation, ou à extérioriser
leurs sentiments tout simplement. Certains ont cependant besoin d'aide pour en arriver à reconnaître et à extérioriser leurs sentiments. Et c'est alors qu'ils décident,
pendant une crise émotionnelle, de consulter un professionnel en santé mentale tout comme d'ailleurs on con-
sulte un médecin face à un problème physique.

De plus, ceux et celles qui se sont divorcés voudraient bien éviter de répéter les mêmes erreurs. Sans une intervention thérapeutique, les gens ont souvent tendance à s'attacher aveuglément aux mêmes types de personnes qu'ils ont quittés et même à les épouser dans un cycle auto-destructeur. Pour en arriver à se libérer de ce type de comportement cyclique, il faut apprendre à mieux se connaître et à mieux se comprendre; ainsi chacun sera en mesure de rechercher une relation plus satisfaisante la prochaine fois. Un bon thérapeute peut aider à atteindre ce but. Si vous êtes veuve, vous devrez faire face aux sentiments provoqués par votre perte (telles la culpabilité, la colère et l'inquiétude face à l'avenir), vous devrez aussi vivre et assumer votre deuil. Vous allez devoir «travailler votre deuil» pour retrouver une vie heureuse et productive.

La thérapie de groupe est à conseiller dans les cas qui nous occupent. Le groupe devient en quelque sorte une extension de la famille; les réactions du groupe et du thérapeute, face à votre communication avec eux, vous permettront d'apprendre à vous mieux connaître. Le groupe étant finalement un microcosme du monde extérieur, vous pourrez mettre en pratique cette nouvelle connaissance de vous-même et de votre façon de communiquer à l'extérieur du groupe. La thérapie de groupe permet souvent des percées au plan de certains comportements névrosés qui nous empêchent de vivre pleinement. Le groupe sert aussi de système de support moral quand le monde extérieur est cruel; on saura vous encourager quand vous en avez besoin, on saura aussi vous parler franchement et sans détours si nécessaire.

Quel que soit le type d'aide professionnelle que vous choisissiez, assurez-vous de trouver un thérapeute qualifié. Demandez conseil à votre médecin de famille ou à quelqu'un d'expérience. Renseignez-vous, il existe des programmes pour venir en aide aux personnes dont le revenu est insuffisant; ne permettez pas que des problèmes strictement financiers vous découragent et vous empêchent de chercher l'aide dont vous avez besoin. Renseignez-vous d'abord auprès des centres de Services sociaux, des centres locaux de santé communautaires. Un thérapeute professionnel c'est un psychologue ou un psychiatre diplômé, un travailleur social clinique qui détient une maîtrise en sciences sociales, ou un conseiller en santé mentale qui détient une maîtrise en psychothérapie.

Pendant et après votre divorce, songez à vous joindre à un de ces groupes dits d'ajustement. Ils portent en général des appellations bien significatives dans le style «Comment faire face au divorce» et vous les trouverez en milieux voués à l'éducation aux adultes au secondaire, au collégial, et même à l'université. J'ai souvent animé de tels groupes et j'ai vu de près l'universalité de la souffrance causée par le divorce. Toujours le même chagrin, qu'il s'agisse d'un court mariage ou de toute une vie, que les couples soient jeunes ou vieux, qu'il y ait ou non des enfants. On ne brise jamais un mariage sans amertume et sans souffrance.

Tous les divorcés sont-ils perdants?

Sûrement pas. Nous manquons parfois d'expérience ou nous ne savons tout simplement pas choisir un partenaire. Nous n'avions peut-être pas de raisons vraiment valables de nous marier; nous étions peut-être amoureuses de l'amour ou de la beauté. Les gens sont parfois tout simplement trop jeunes ou manquent de la maturité qui leur permettrait d'évaluer leurs besoins véritables au moment du mariage et ils découvrent plus tard que leur union ne correspond pas du tout à leurs besoins ni à leurs attentes.

Voici trois exemples assez typiques. Ces trois femmes ont vécu des mariages qui ont échoué et elles se sont toutes remariées à des partenaires qui leur convenaient mieux.

«On m'avait pourtant bien prévenue avant ma rencontre avec Ray. Il était chanteur et musicien, et l'homme qui nous avait présentés l'un à l'autre avait dit à mes parents: 'Ne laissez pas votre fille devenir amoureuse de ce gars-là. Il n'en vaut pas la peine.' Je me suis évidemment empressée de devenir amoureuse de lui et nos fréquentations ont duré trois ans. Mes parents et ma famille savaient bien que cet homme ne me convenait pas mais ils essayaient de ne pas s'en mêler. Je l'avais peut-être dans la peau, et de toute façon, je l'ai épousé. Nous avons acheté une maison, des meubles et, pendant un certain temps, tout marcha très bien. Mais Ray était irresponsable et perdait emploi sur emploi parce qu'il n'arrivait pas à s'entendre avec ses patrons. Entre-temps, quand il lui arrivait de travailler, je restais seule à la maison soir après soir parce qu'il jouait, et je partais travailler tôt le lendemain matin parce que je ne pouvais pas me permettre financièrement de quitter mon emploi. Nous arrivions à peine à nous voir; même là, c'était presque toujours la chicane.

«Après onze mois de cette vie-là, j'étais devenue dépressive et j'avais beaucoup engraissé. J'ai finalement décidé de le quitter. J'ai été célibataire quatre ans avant de rencontrer un homme merveilleux; nous nous sommes mariés et nous sommes heureux. Il faut peut-être se mal marier une fois pour apprendre avec quelle sorte d'homme on veut vivre.»

«J'avais trente ans quand mon mari m'a quittée. Il avait été mon premier amour et je ne suis vraiment jamais sortie avec d'autres. Il m'a tout simplement quittée, moi et mes deux jeunes fils, après onze ans de mariage. Il m'a fait parvenir un bref de divorce par l'entremise de son avocat.

«J'étais désemparée, je ne savais pas ce que j'allais faire. Je n'étais pas heureuse en tant que femme mariée, mais j'y serais restée parce que c'était ce que les gens faisaient dans ce temps-là. Dieu merci, mes parents étaient en mesure de m'aider. Ils m'ont supportée financièrement pendant que je retournais aux études. Je voulais obtenir un diplôme pour pouvoir travailler. Je sortais un peu, mais avec les deux enfants ce n'était pas facile. J'étais toujours inquiète de ne pas leur consacrer assez de temps.

«Entre-temps, des amis m'ont présenté un homme que j'ai aimé. Nous avons mis trois ans à nous décider à nous marier. Il était célibataire et il avait besoin de temps pour se faire à l'idée du mariage et des enfants. C'était beaucoup lui demander. Nous avons rompu quelques fois, mais nous finissions toujours par reprendre. Je tenais à me remarier. Le compagnonnage me manquait et je n'appréciais finalement pas beaucoup la vie de célibataire. J'étais timide et gênée, et c'était difficile pour moi de sortir.

«Dès le début de nos fréquentations, John s'intéressait à moi, bien sûr, mais aussi à mes enfants. Nous sommes mariés depuis treize ans maintenant et nous avons eu un enfant ensemble. Mes autres enfants se sentent très près de John et je suis même capable maintenant de parler à leur père naturel sans aigreur. Il s'est remarié lui aussi et il a des enfants. J'aime être mariée, c'est une vie beaucoup plus confortable pour moi. Et je sais bien maintenant combien j'étais mal préparée à mon premier mariage.»

«Nous étions mariés depuis vingt-quatre ans, Morry et moi, quand il m'a appris qu'il était amoureux d'une autre femme et qu'il souhaitait le divorce. Nous avions été des amis d'enfance et nous étions devenus inséparables depuis notre mariage, au moment de son retour de la Seconde Guerre mondiale. Nous nous sommes privés et serré la ceinture pendant que Morry retournait aux études et nous avons beaucoup travaillé pour bâtir notre commerce et élever nos enfants. Et voici qu'au moment où nous aurions pu enfin profiter de tout ce travail et jouir de la vie ensemble, il me demandait le divorce.

«J'ai presque fait une dépression nerveuse. J'ai dû prendre des médicaments et je ne suis pas sortie de la maison pendant des semaines; je pleurais au lit. Quand j'ai finalement compris qu'il n'allait pas changer d'idée, j'ai essayé de me ressaisir. J'ai mis beaucoup de temps avant de me sentir femme, femme valable, femme entière. Je ne croyais pas qu'un autre homme arriverait un jour à m'inspirer confiance.

«Mais Dieu a été bon pour moi et j'ai revu un vieil ami, lui aussi divorcé. Jack ignorait que Morry et moi ne vivions plus ensemble. De passage dans notre région, il décida de venir nous voir. Je lui fis le récit de mon divorce. Nous nous sommes revus et avons correspondu durant plusieurs mois avant de comprendre, tous deux, combien nous nous aimions, combien nous avions besoin de passer de plus en plus de temps ensemble. Nous nous sommes mariés il y a quatre ans et nous sommes très heureux. Je n'aurais jamais cru en arriver à aimer la vie comme je l'aime maintenant et j'ai acquis une force et une sagesse nouvelles. Si j'ai réussi à survivre à mon divorce, tout le monde peut survivre à ce genre d'expérience.»

Comme vous le voyez, c'est facile de se tromper la première fois ou d'être victime des circonstances et de se retrouver sans mari. Aucune de ces femmes n'était perdante, le succès de leurs relations avec d'autres hommes le prouve bien.

Une correspondante anonyme m'écrivait à la blague: «On doit pouvoir supporter son premier mari à peu près dans le même esprit qu'on supporte sa première paire de souliers à talons hauts... Il faut savoir se débarrasser de son premier mariage tôt dans la vie, sauter des étapes et franchir aussi rapidement que possible le pas entre la lune de miel et le divorce. Un bon choix de maris, triés sur le volet et remplacés fréquemment, est excellent pour la ligne, le compte en banque et le sens de l'humour d'une femme.»

Comme l'écrivait Dorothy Parker:

«Qu'il était fier le premier amour, si brillant, si
beau;
Mon deuxième amour était comme l'eau, et la
tasse si blanche;
Le troisième amour était sien, et le quatrième,
mien.
Et après celui-là, mais je les mêle toujours.»

Sérieusement, à part la thérapie,
puis-je faire quelque chose qui m'aiderait
à ne pas me tromper la seconde fois?
Oui. Vous pouvez faire un examen de conscience. Que
vous soyez veuve ou divorcée, c'est très important de
revoir la dynamique de votre mariage et d'analyser ce qui
fonctionnait et ce qui ne fonctionnait pas. Vous ne voulez
pas répéter des comportements destructeurs dans vos
relations futures et vous voulez réfléchir sérieusement au
type de vie que vous désirez mener avec un nouveau partenaire. Trop souvent les femmes refont les mêmes
erreurs dans leur sélection d'un partenaire et dans ce
qu'elles attendent d'eux, parce qu'elles sont motivées par
des besoins inconscients. Une introspection honnête
saura vous aider. Et le mot clé, c'est l'honnêteté. Vous
êtes la seule à pouvoir connaître les motifs de votre comportement. Cette évaluation personnelle est aussi très
importante pour les veuves qui ont souvent tendance à
idéaliser leur relation avec leur mari décédé. Maintenant,
vous pouvez vous permettre d'évaluer honnêtement
votre mariage précédent sans lunettes roses.

J'ai établi un questionnaire pour vous guider dans
votre évaluation personnelle. Si vous réfléchissez sérieusement, comme je vous le conseille, vous devriez pouvoir
intégrer votre vie passée à vos besoins et à vos désirs
futurs. Vous pourrez écrire vos pensées si vous le désirez,
mais dites-vous bien que c'est la réflexion qui importe.
Vous devriez vous référer souvent à ce questionnaire; vos
réponses se transformeront probablement à force de

réflexion et selon l'expérience que vous acquerrez des hommes.

Dans le questionnaire qui suit, les initiales «E.M.» désigneront votre ex-mari et «N.P.P.», votre nouveau partenaire potentiel.

1. Comment vous et votre E.M. exprimiez-vous votre amour et votre tendresse l'un envers l'autre? Étiez-vous démonstratifs? Aimeriez-vous qu'il en soit autrement dans une autre relation? Comment aimeriez-vous changer votre façon d'exprimer ces sentiments?

2. Comment était votre vie sexuelle? Que voudriez-vous qu'elle soit? Pareille? Différente? Comment?

3. La communication entre votre E.M. et vous était-elle bonne? Comment en arriviez-vous à régler vos conflits? Désirez-vous plus ou moins de communication avec votre N.P.P.? Vous sentez-vous confortable face à l'expression de la colère ou de sentiments négatifs? Sinon, aimeriez-vous l'être?

4. Avez-vous besoin d'espace personnel et de liberté? Peu? Beaucoup? Ces besoins et ces désirs d'espace personnel et de liberté étaient-ils une source de conflits dans votre relation précédente?

5. Comment vos enfants, si vous en avez, affectaient-ils la relation? Et qu'en serait-il de la relation entre vous, vos enfants, un nouveau partenaire et votre ex?

6. Est-ce que votre famille ou la sienne était (ou étaient) cause de problèmes? Que feriez-vous dans une nouvelle relation?

7. Et les habitudes personnelles de votre E.M.? Ses manières vous choquaient-elles? Vous gênaient-elles parfois? Qu'est-ce qui est important pour

vous au plan des habitudes personnelles et des manières?

8. La santé et la forme sont-elles importantes pour vous chez un N.P.P.? Votre E.M. se tenait-il en forme? Votre N.P.P. devrait-il être conscient de sa santé et de sa forme? Et vous, souhaitez-vous être en meilleure santé et en meilleure forme? Votre N.P.P. doit-il aimer les mêmes sports que vous?

9. Votre E.M. s'intéressait-il aux mêmes choses que vous? Étiez-vous en conflit? Désirez-vous que votre N.P.P. s'intéresse à beaucoup de choses? Aux mêmes que vous?

10. Où situez-vous le travail dans votre plan de vie? Un des partenaires assumera-t-il le rôle de gagne-pain dans un futur mariage? Lequel?

11. La question de l'argent compliquait-elle vos vies? Y avait-il un rapport entre l'argent et celui qui se trouvait en position de contrôle et de pouvoir dans votre famille? Y aurait-il une meilleure façon de régler les questions d'argent dans un nouveau mariage?

12. Que pensez-vous du rôle de la femme et de celui de l'homme? Êtes-vous très traditionnelle? Est-ce que vous envisagez le même type de rôles dans votre prochain mariage que ceux que vous et votre E.M. avez toujours assumés?

13. Comment voulez-vous vivre? Aimez-vous la vie sociale et mondaine? Désirez-vous être riche ou épouser quelqu'un de connu? Avez-vous besoin d'appartenir à une classe sociale en particulier?

14. Quelles valeurs religieuses, sociales et morales votre N.P.P. devra-t-il partager avec vous?

Ces questions devraient vous donner de quoi réfléchir pendant au moins un certain temps. Elles touchent à peu près tous les points qui risquent d'être la source de problèmes potentiels dans un nouveau mariage. Bien sûr, il reste toujours la possibilité de devenir éperdument amoureuse de quelqu'un et de jeter toutes ses idées par la fenêtre. La souplesse et l'ouverture d'esprit nuisent rarement dans ces cas-là.

Que recherche-t-on dans un second mariage?

Pas la perfection, certainement plus. La plupart des gens cherchent la tendresse mutuelle, la chaleur et l'amitié. Ils mettent moins d'emphase sur l'argent et le succès, et leurs attentes face au mariage sont plus réalistes. Ils ont, en général, une attitude plus détendue face au mariage. Les gens qui ont déjà été mariés ont habituellement appris à mieux se connaître et ils ne sont pas cyniques face au mariage, même si le leur a échoué. Les trois quarts des hommes divorcés et les deux tiers des femmes divorcées se remarient. Ils estiment que la prochaine fois peut être et sera différente de la première, et ils aiment le compagnonnage et l'intimité que permet le mariage, mais ils tiennent à trouver la «bonne» personne.

Le mariage est un mode de vie plus naturel pour la plupart des gens. Il est excellent pour la santé et la longévité. La solitude et/ou l'état de célibataire sont associés à des taux de maladie plus élevés, surtout chez les hommes. Ce qui m'amène à vous dire que le mariage est excellent pour les hommes, malgré la mauvaise presse qu'ils lui ont faite depuis toujours. Les hommes mariés ont moins de maladies et vivent plus longtemps que les hommes célibataires. Un auteur canadien qui écrivait sous le pseudonyme de «Putzi von Pince-nez» s'exprimait ainsi:

«Voici que tous les vieux roués de la ville se marient. C'est à se demander à quoi on doit ce phénomène étrange.» Il cite un de ces bons vivants: «Un bon matin je me suis réveillé et j'ai dû préparer mon propre café, je n'arrivais pas à trouver de chemise propre, je regardais mes souliers crottés et je me suis dit que c'en était assez.» Maintenant marié... il n'a plus à se préoccuper de toutes ces tâches fatigantes et si peu viriles. Son réveil est heureux, on lui sert le café et on lui apporte son journal au lit, il peut choisir parmi tous ses vêtements impeccables et, dans ses souliers vernis, il admire sa propre image satisfaite. Hélas, bien peu d'hommes de nos jours peuvent se permettre de consacrer le temps et l'effort nécessaires aux préliminaires pour obtenir des faveurs sexuelles, alors nous succombons au mariage. Oscar Wilde avait bien raison quand il disait que «les femmes se marient parce qu'elles sont curieuses, et les hommes parce qu'ils sont fatigués.»

Si nous pouvons, en tant que femmes, lire ces commentaires sans trop nous fâcher, il y a peut-être une leçon à en tirer dans notre quête d'un mari. Si ce livre ne vous apprenait rien d'autre, souvenez-vous que les hommes cherchent toujours quelqu'un qui saura prendre soin d'eux! Nous en reparlerons d'ailleurs.

Pourquoi les femmes se remarient-elles?
Les raisons qui suivent m'ont été fournies par des femmes que j'ai interviewées:

«J'ai rencontré un homme merveilleux. Dès le début de notre relation, il s'intéressait non seulement à moi, mais aussi à mes enfants. Nous étions déjà une famille. J'étais amoureuse et j'estimais que nous pourrions vivre heureux ensemble.»

«Pour la sécurité financière et le compagnonnage.»

«Il m'a présenté un ultimatum. Ou je l'épousais, ou c'était terminé entre nous. Je ne cherchais pas à me remarier, mais je ne voulais pas le perdre.» (À ma grande surprise, plusieurs femmes ont donné cette raison.)

«Je n'avais tout simplement pas l'énergie de vivre une autre aventure. J'ai pris mon courage à deux mains et j'ai fait le saut.»

«Je voulais un enfant.»

«La solitude, la peur de l'avenir en tant que femme seule et la conviction d'avoir trouvé quelqu'un avec qui partager ma vie.»

«Parce que je suis tombée amoureuse de l'homme que j'ai épousé.»

Les gens se remarient pour toutes sortes d'autres raisons. Certains cherchent un père ou une mère pour leurs enfants existants ou à naître; d'autres cherchent à changer de style de vie. Mais la plupart d'entre eux s'ennuient tout simplement des bonnes choses du mariage, et une fois plus sûrs d'eux-mêmes et plus indépendants, ils désirent partager leur vie avec quelqu'un.

Les veuves sont-elles différentes des divorcées?
Oui. D'abord le taux de remariage est plus bas chez les veuves que chez les divorcées. Plusieurs d'entre elles ne désirent pas s'attacher à quelqu'un d'autre parce qu'elles ont l'impression que personne ne peut se comparer au mari qu'elles ont perdu. Quand elles sont intéressées au remariage, elles le font plus ou moins rapidement en fonction de leur âge. Elles ont les mêmes problèmes de sorties et de fréquentations que les divorcées, mais contrairement à la plupart des femmes divorcées, elles ont tendance à ne pas avoir beaucoup d'intérêt pour la sexualité dans l'année qui suit la mort de leur mari. Autre nuance, la veuve est triste plutôt qu'amère, même si elle ressent de la colère envers son mari mort parce qu'il l'a laissée seule face à la vie. De plus, elle n'a pas, comme la divorcée, à porter le poids de l'«échec» de son mariage et on lui offre sympathie et réconfort. Une veuve n'a pas à expliquer pourquoi son mariage ne fonctionnait pas, même si elle sait secrètement que la relation n'était pas très bonne. Normalement, on ne trouve pas d'ambivalence chez elle face au mariage en tant qu'institution.

Souvent, une veuve qui se remarie épouse un veuf; ils ont une compréhension mutuelle qui n'existe pas automatiquement entre les veufs et les divorcés. Beaucoup de veufs n'aiment pas particulièrement l'idée d'un partenaire qui se promène dans la nature et qui risque d'arriver à l'improviste, au moment le plus inopportun. Ils ne possèdent pas de schèmes de références qui leur permettraient d'être tolérants face à ce genre de problèmes, alors ils ont tendance à chercher des veufs comme eux quand ils désirent se remarier. Mais une veuve qui souhaite se remarier devrait suivre les mêmes conseils que je donne aux femmes divorcées dans leur quête d'un nouveau partenaire; il n'existe plus de différences entre elles quand il s'agit d'entreprendre la recherche d'un mari!

Vous avez parlé de concurrence possible avec les femmes plus jeunes face aux hommes. Avez-vous quelques conseils qui me permettraient de mieux tirer parti de la situation?

Oui. Comme je le disais dans l'introduction, ce livre a été conçu dans le but de vous donner un avantage que les autres femmes n'auront pas. Pour l'instant, laissez-moi vous rassurer et vous dire que le fait d'être plus âgée n'est pas un désavantage. Vous avez une histoire, une meilleure connaissance de vous-même, du savoir-faire, de l'élégance, de la maturité et une douceur qui plaisent aux hommes. Vous savez mieux qu'une très jeune femme comment plaire à un homme. Et vous êtes prête à travailler plus fort pour atteindre un but parce que vous avez appris qu'il n'y a rien de gratuit en ce bas monde. Vous avez probablement pris soin d'au moins une personne dans votre vie et vous savez bien que ce qu'on donne à quelqu'un ne nous est jamais enlevé. Vous savez projeter une chaleur qui est séduisante, mais le réalisiez-vous? Les enquêtes démontrent que les hommes aiment l'intégrité, la chaleur et la bonté chez les femmes; toutes des qualités que vous possédez. N'oubliez jamais que ce que vous cherchez chez un homme c'est probablement justement ce qu'il cherche chez une femme.

Quelles sont mes chances de me remarier malgré la pénurie d'hommes?

Vos chances sont bonnes. Les femmes se marient et se remarient tous les jours. En 1980, un tiers de tous les mariages aux États-Unis — quelque 1 209 467 — étaient des remariages. Quoi qu'on dise, n'oubliez pas que les hommes aiment être mariés. D'après le sociologue bien connu Jesse Bernard, une fois que les hommes ont connu le mariage, ils ne peuvent presque plus s'en passer. Émile Durkheim, le célèbre sociologue français, disait que les hommes ont besoin du mariage pour s'empêcher de se fracasser en petits morceaux! Sauf en 1974 et 1975, le nombre de mariages a augmenté sans cesse, année après année, pour atteindre un nouveau record en 1982. De plus, pour la première fois en vingt ans, le nombre des divorces a diminué en 1982.

Il y a pénurie d'hommes seulement dans certains groupes d'âges. Il est vrai que chez les plus de trente ans il y a surplus de femmes. Mais comment cela s'est-il produit? À peu près jusqu'en 1950, les hommes étaient plus nombreux que les femmes. Les guerres ont évidemment tué beaucoup d'hommes que les femmes de plus de quarante ans pourraient épouser maintenant. Parmi les Américains qui seraient dans la cinquantaine ou au début de la soixantaine, 292 000 sont morts sur les champs de bataille de la Seconde Guerre mondiale, 113 842 sont morts d'autres causes; 34 000 sont tombés sur les champs de bataille pendant le conflit coréen, et 20 617 sont morts d'autres causes à la même période. Il naît plus de bébés de sexe masculin, mais les bébés de sexe féminin ont un taux de survie plus élevé pendant la première année de la vie. De plus, les taux de mortalité en ce qui touche les quinze principales causes de décès sont plus élevés chez les hommes, et l'espérance de vie chez les hommes est, en général de 7,5 années de moins que chez les femmes. Ainsi, même une femme qui reste mariée peut s'attendre à se retrouver seule à partir de la fin de la soixantaine. Les femmes qui sont nées pendant cette revanche des berceaux de la fin des années quarante et du début des années cinquante, et qui désirent épouser des hommes plus âgés qu'elles ont un problème: il y a pénurie d'hommes dans ce groupe d'âge.

Que signifient tous ces chiffres lorsqu'il s'agit de se trouver un nouveau mari? Ils impliquent d'abord que vous allez devoir vous débarrasser de certaines idées préconçues sur le mariage et la vie à deux, idées auxquelles vous tenez probablement, mais qu'il n'est peut-être plus très utile d'entretenir dans notre monde contemporain. Ils impliquent aussi que vous allez devoir réviser votre conception de ce qui constitue un bon parti. (Pour plus de détails, voir le chapitre trois.) Vous allez devoir commencer à penser comment rendre heureux cet homme que vous allez connaître, plutôt qu'à la façon dont il vous rendra heureuse. Comprenez-moi bien. Bien sûr, vous méritez d'être heureuse. Mais vos chances de vous remarier seront bien meilleures si vous vous préparez activement à trouver un homme compatible. Oubliez ces notions de contes de fées, cette attente du beau chevalier sur son cheval blanc qui vous emportera un jour vers le bonheur! Grâce à ce livre, c'est probablement vous qui emporterez quelqu'un vers le bonheur. Et la quête sera amusante, fascinante... je vous le promets.

Mais comment faire face à ma solitude?

Pensez, dès le début, à ne pas vous éloigner de vos vieux amis et de votre famille. Ne commettez pas l'erreur de vivre une vie complètement différente de celle que vous viviez quand vous étiez mariée. Vous aurez peut-être l'impression qu'on vous invite moins souvent dans des soirées depuis que vous êtes seule, mais dites-vous bien que c'est moins courant que par le passé. Beaucoup de femmes qui avaient très peur de la concurrence ont appris à avoir moins peur des femmes célibataires et ne croient plus qu'elles viennent leur voler leur mari à domicile. Donc, selon vos habitudes, selon aussi le cercle d'amis et de connaissances que vous aviez durant votre mariage on continuera de vous inviter probablement.

Mais n'y comptez pas trop. Ne restez pas à la maison à détester vos amis parce qu'ils ne vous invitent pas assez souvent et surtout n'allez pas vous plaindre à tout un chacun. Comprenez bien que votre état de femme célibataire ne vous dispense pas d'offrir et de rendre l'hospitalité à vos amis.

C'est ainsi que vous allez créer tout un cercle de gens qui vous doivent des invitations. Commencez ou continuez à recevoir. Donnez des dîners. J'ai invité chacun des couples de mes amis mariés au moins une fois, et quand je n'avais ni le temps ni l'envie de préparer un repas je les invitais au restaurant pour le brunch du dimanche. C'est toujours un peu impressionnant le brunch dans un restaurant et c'est beaucoup moins cher que le dîner que je n'aurais d'ailleurs pas pu me permettre d'offrir à mes amis. Quand je recevais, j'essayais toujours de recevoir plusieurs couples à la fois, parfois d'inclure des amies célibataires ou leurs filles, accompagnées ou non; bref, des gens que j'avais envie de recevoir en même temps. J'essayais de m'assurer que tout le monde soit à peu près compatible, d'inviter des gens qui savaient parler afin que mes soirées soient toujours intéressantes. J'étais parfois accompagnée moi-même, mais pas souvent.

En très peu de temps, je me suis sentie très à l'aise de recevoir seule. D'autres femmes préfèrent inviter un homme qui les accompagne et lui confient la responsabilité du bar. Mais que j'aie été accompagnée ou pas, personne n'a jamais refusé mes invitations, et tous avaient toujours l'air de bien s'amuser. Je vous encourage fortement à recevoir aussi souvent que vos ressources financières et vos disponibilités vous le permettent.

N'allez surtout pas vous décourager et vous lamenter, dire que vous n'avez pas le temps et ne savez pas assez bien faire la cuisine pour recevoir. Même si vous travaillez à plein temps, comme moi, vous pouvez apprendre à préparer un ou deux menus expéditifs et faciles, ou tout simplement acheter des plats déjà prêts. En général, je commençais à me préparer deux jours avant de recevoir. Le premier soir je faisais le marché, le deuxième soir je dressais la table et je préparais à l'avance autant de choses que possible, par exemple, le dessert; ainsi, le soir de ma réception, je m'occupais des derniers détails et je pouvais profiter de la compagnie de mes invités.

Vous pouvez aussi servir un buffet. N'allez surtout pas me dire que vous ne pourriez pas parce que vous n'avez personne pour vous aider à faire le service. J'étais seule aussi. Et les gens aiment bien qu'on les invite à manger, c'est une coutume agréable. En passant, si vous avez déjà un homme très spécial dans votre vie, quand vous recevez, invitez-le. C'est bon qu'il sache combien vous êtes une hôtesse charmante et compétente. Sait-on jamais, s'il se mettait à vous percevoir comme son hôtesse attitrée et permanente!

J'ai appris à ne plus inviter les gens qui ne me rendaient jamais mes invitations. Je fréquentais ceux qui m'invitaient et nous nous recevions les uns les autres. J'étais parfois invitée seule, il m'arrivait aussi d'emmener un ami et, à l'occasion, mes amis invitaient un célibataire pour me le présenter. Une femme exquise et remariée, que j'avais connue au moment où elle était célibataire et moi mariée, m'invitait souvent en semaine à des soupers de famille. J'ai appris à fréquenter mes amis seule et à me sentir à l'aise en tant qu'individu dont ils appréciaient la compagnie. Il n'est pas essentiel d'être la moitié (même douce) d'un couple pour être appréciée. N'oubliez surtout pas que votre état de célibataire ne vous dispense jamais de rendre l'hospitalité qu'on vous offre.

Un point très important, essentiel. N'éveillez jamais les soupçons de votre hôtesse en ce qui concerne votre conduite envers son mari ou l'homme de sa vie. Ne vous permettez jamais de vous retrouver confortablement installé avec l'homme de sa vie pendant que votre hôtesse travaille dans la cuisine. Tentez d'être visible, offrez-lui votre aide au moment du service et de la vaisselle. Vos amies ne vous inviteront plus si elles ont l'impression que vous flirtez, même, et peut-être surtout, si elles ont l'air de n'avoir rien vu. C'est votre responsabilité, ne l'oubliez pas!

Et même si vous ne recherchez pas les situations désagréables, il arrive qu'elles se produisent parfois sans qu'il en soit de votre faute. Ainsi, mon «régulier» et moi avions invité un jour une de mes amies très chère et son mari à manger chez lui un soir. Elle est venue seule parce que son mari avait une réunion, mais il devait venir la rejoindre plus tard. Pendant que je préparais le repas et que je fricotais dans la cuisine, notre hôte (que je croyais en amour avec moi) faisait à mon amie des avances telles qu'elle arrivait de justesse à lui échapper. Il ne perdait pas une chance et s'évertuait à tenter de la tasser littéralement dans un coin. Heureusement, mon amie a pu m'expliquer jusqu'à quel point elle était malheureuse et furieuse, et il était évident qu'elle n'avait rien provoqué. Notre amitié a survécu, mon histoire d'amour avec ce mufle, pas! Et je dois dire que j'ai été au moins aussi mal à l'aise que mon amie. Il est possible que votre hôtesse ne soit pas aussi compréhensive en pareille circonstance et que votre amitié ne soit pas aussi solide. Un peu de prudence, donc, c'est un excellent conseil.

J'insiste, les amitiés féminines sont très importantes dans la vie d'une femme célibataire. Avouons-le, les femmes sont intéressantes. Et c'est bien agréable de pouvoir jaser, se téléphoner, passer du temps ensemble, magasiner et nous consoler mutuellement quand nous avons des problèmes d'hommes. Avec une autre femme, on peut être d'accord au moins une fois par semaine et trouver tous les hommes affreux et jurer qu'on ne nous y reprendra plus! J'ai apprécié et j'apprécie toujours mes amitiés féminines, elles ont occupé et occupent encore une place importante dans ma vie. Je peux parler avec elles de mes sentiments les plus intimes et elles sont à même de me comprendre. C'est plus difficile avec les hommes, ils semblent incapables de ce genre de compréhension. C'est bien de constater que les femmes se sentent de plus en plus engagées dans leurs amitiés féminines et qu'elles entrent moins en concurrence les unes avec les autres pour l'attention des hommes.

Que faire quand on a déjà un rendez-vous avec une de ses amies et qu'un homme nous invite au même moment?
L'éternelle question! En principe, s'il s'agit d'un homme «spécial» ou de quelqu'un que vous rêvez de mieux connaître depuis longtemps, vous pouvez vous permettre de demander à votre amie de vous excuser cette fois-ci. Je ne connais pas beaucoup de femmes qui apprécient qu'une de leurs amies remettent un rendez-vous; on réserve du temps et on a hâte de revoir son amie. Si vous ne lui donnez pas le temps de se retourner, elle se retrouvera peut-être seule ou désorganisée ce jour-là. La plupart des femmes vous pardonneront une fois ou deux, mais je ne connais pas de femme qui accepterait de poursuivre des relations amicales avec quelqu'un qui la laisse constamment tomber pour un homme. Et quelle est votre philosophie personnelle face au féminisme? La plupart des féministes estimeraient inacceptable qu'on remette un rendez-vous avec une amie pour sortir avec un homme; elles percevraient ce genre de conduite comme quelque chose qui vient renforcer le point de vue traditionnel qui veut que les femmes soient moins importantes que les hommes et que toutes nos entreprises soient moins importantes que les leurs. C'est une question bien difficile alors qu'il y a pénurie d'hommes et que vous désirez vous remarier. Et c'est plus facile d'être noble quand on vogue dans les théories que quand on doit se sacrifier! Je n'ai jamais eu à faire ce genre de choix quand j'étais célibataire, mais je sais bien que si un homme m'avait proposé une sortie — vous savez, le genre d'homme qu'on rêve de connaître ou dont on attend le coup de fil depuis longtemps —, j'au-

rais probablement demandé à mon amie de bien vouloir m'excuser. Et j'aurais accepté de lui rendre la pareille.

Parlez-nous d'autres façons de faire face à la solitude?

Il existe toutes sortes de façons de meubler sa solitude: la lecture, les passe-temps, le cinéma, le théâtre, les cours, les sports et le bénévolat. Il est important d'établir la nuance entre le fait d'être seul et se sentir seul. Être seul, c'est ne pas être en présence d'autres êtres humains pendant un certain temps; c'est la solitude. Se sentir seul, c'est peut-être un peu désirer s'attacher à quelqu'un, se sentir en attente. C'est bien parfois d'être seul, mais rarement agréable de se sentir seul. Pour ma part, je me sentais toujours plus seule le dimanche, alors j'essayais de prévoir et d'occuper mon temps. Pour d'autres, le moment le plus à redouter est le samedi soir. Essayez de prévoir des activités quand vous sentez que vous allez passer un mauvais moment. Parce que je travaillais à plein temps, je n'avais aucune difficulté à être seule ou à me retrouver seule en semaine; mais en fin de semaine, le temps me paraissait bien long. Alors j'invitais des amis, j'en visitais, je sortais avec mes enfants; je m'inventais des choses à faire pour ne pas me sentir seule. Dites-vous bien que les gens mariés se sentent aussi parfois bien seuls, surtout quand ils sont malheureux. C'est pénible de se sentir seul, mais ça passe.

Une de mes amies célibataires, que je fréquentais beaucoup, sortait souvent manger seule au restaurant. Elle se rendait toujours dans les mêmes restaurants, connaissait le personnel et jasait avec lui pendant le repas. Elle me jurait ne jamais s'être sentie mal à l'aise de manger seule, même dans les restaurants les plus huppés. Moi, je n'aurais pas pu. J'aurais eu peur de rencontrer des couples de ma connaissance ou un ex-amant en compagnie d'une autre femme, j'aurais eu peur qu'on ait pitié de moi. Ça, c'était mon problème. Mon amie, elle, aimait bien; ça mettait du piquant dans sa vie. Elle voya-

geait seule aussi, comme de plus en plus de femmes, parfois en voyage organisé, parfois pas. Elle adorait ça et
rencontrait toujours des gens intéressants. Mon mari,
l'ex-célibataire, a voyagé seul autour du monde pendant
des années et il rencontrait des femmes avec qui passer
des moments agréables. Donc, les femmes aussi peuvent
rencontrer des hommes disponibles et célibataires.

Si vous décidez de vous adonner à un sport ou à un
passe-temps, faites-le dans le but d'apprendre et de vous
y intéresser plutôt que pour rencontrer des hommes.
L'important c'est de participer à une activité et d'y prendre plaisir. Considérez le fait d'y rencontrer des hommes
un peu comme un bénifice marginal. Ainsi, quand j'essayais d'apprendre à jouer au golf, il y avait toujours
plein d'hommes au club que je fréquentais. Mais comme
j'étais habituellement déjà impliquée dans une relation
amoureuse, je n'ai jamais tenté d'y rencontrer des hommes. Mais maintenant que je fréquente ce club avec mon
mari, je me rends bien compte que c'est un endroit agréable et confortable où rencontrer facilement des hommes.
Le tennis, la plongée sous-marine, la voile, quels que
soient vos intérêts, vous permettront probablement de
rencontrer des hommes. À notre club de ski local, on
raconte que la plupart des femmes s'y joignent non pas
pour apprendre à faire du ski, mais bien pour y rencontrer des hommes et elles sont objets de risée. Évitez ce
genre de conduite, et qu'on ne vous perçoive pas de cette
façon-là! Intéressez-vous vraiment au sport que vous
pratiquez, faites-le pour garder la forme et vous libérer
de vos tensions.

Quelqu'un a-t-il trouvé la solution magique à la pénurie d'hommes?

Comme nous n'en sommes pas au point d'importer des
hommes d'autres planètes, on suggère parfois des solutions peut-être un peu extrêmes. L'une d'entre elles voudrait qu'on permette un type de polygamie «gériatrique»

où un homme de plus de soixante ans épouserait de deux à cinq femmes de son groupe d'âge. Ainsi ils mettraient leurs ressources en commun, et tout au long de leur vieillissement, il leur serait possible de s'occuper les uns des autres, éliminant ainsi l'état de solitude et d'abandon qui sont souvent le lot des vieillards. On a suggéré aussi le ménage à trois où un homme épouserait deux femmes, le mariage multilatéral ou mariage de groupe où trois personnes et plus s'engagent les unes envers les autres et sont toutes mariées les unes aux autres. Il faudrait que notre société et ses attitudes se transforment beaucoup pour que des suggestions aussi peu orthodoxes deviennent acceptables.

Je perçois cependant un phénomène que j'interprète comme une tendance de plus en plus apparente. Je n'ai rien lu à ce sujet et le phénomène ne semble pas avoir été défini en termes sociologiques. Je l'appelle *le plan de vie partagée pour les hommes*. Je fais référence aux cas où les hommes se divorcent de leur femme après de longues années de mariage, disons après une vingtaine d'années. Les enfants ont grandi et ils sont déjà plus indépendants. Ces hommes épousent des femmes souvent plus jeunes, ont d'autres enfants, vivent avec leur nouvelle femme jusqu'à leur mort pendant que leur première épouse vit une autre relation amoureuse, un autre mariage ou se consacre à sa carrière. Ainsi deux femmes ont la chance de vivre un mariage de longue durée, dans un contexte familial où la présence du père est assurée au moment où les enfants sont en bas âge. Pendant à peu près un tiers de sa vie adulte, chaque femme a partagé la vie d'un homme et ses pouvoirs procréateurs, et a profité de la vie de couple.

Cette tendance à changer de partenaires au plan du mariage correspond généralement à une crise d'identité que vivent beaucoup d'hommes passé la quarantaine au moment où ils ont peur de perdre leurs pouvoirs sexuels et remettent leur vie en question. Les femmes qui se sentent abandonnées par ces hommes devraient peut-être cesser de se percevoir comme des victimes. Leur cas se situe au plan d'une tendance sociale dont je prédis qu'elle se manifestera de plus en plus. Il est possible que ce type d'arrangement devienne une solution acceptable dans une société où de plus en plus de femmes vont désirer se marier ou avoir un enfant; beaucoup d'hommes seront peut-être au même moment pères, grands-pères et beaux-pères.

Le nombre de mariages de femmes plus âgées à des hommes plus jeunes augmentera probablement aussi parce que bon nombre de femmes dans la quarantaine et la cinquantaine ne trouveront peut-être pas de partenaire de leur âge. Vengeance divine ou pas, ces femmes que leurs maris quittaient pour épouser de jeunes femmes épouseront, à leur tour, des hommes de plus en plus jeunes. Les veuves aussi auront tendance à épouser des hommes beaucoup plus jeunes. Les femmes seront appelées à repenser certaines de leurs attitudes traditionnelles; elles devront sans doute assumer des responsabilités financières plus importantes puisque beaucoup d'hommes jeunes en sont au début de leur carrière et ne gagnent pas beaucoup d'argent.

Ces tendances contribueront peut-être à résoudre certains problèmes pour les deux sexes. On le sait, les besoins sexuels de la femme ne diminuent pas avec l'âge et il est parfaitement naturel qu'une femme de quarante ans ou plus désire un partenaire sexuel efficace. Un homme plus âgé, pour sa part, se sentira peut-être des ardeurs de collégiens avec sa partenaire plus jeune. Un partenaire plus jeune peut aussi éveiller des sentiments de jeunesse chez une femme! Peut-être aussi verrons-nous moins de veuves et qu'il s'établira un équilibre entre les espérances de vie des hommes et des femmes.

Je ne me fais pas le défenseur d'aucune de ces solutions, j'ai tout simplement identifié des tendances que je perçois. Beaucoup de gens rencontrent et marient des partenaires de leur âge et moi, la première. Mon mari et moi sommes dans la cinquantaine et c'est le cas de beaucoup de femmes que j'ai interviewées. Pour plusieurs femmes c'est important de pouvoir partager une histoire commune et un système de références avec son partenaire.

Mais assez de théories. Je veux vous aider à trouver un homme avec lequel partager les cinq prérequis essentiels d'un bon mariage qui sont: l'intimité, la tendresse, le compagnonnage, le confort et l'engagement.

CHAPITRE DEUX

Vous êtes une nouvelle femme: la métamorphose

Vous commencez à assumer votre solitude, surtout vous avez commencé à apprendre à apprécier votre nouvelle indépendance. Vous vous connaissez mieux et vous avez envie de vivre pleinement votre vie. Vous avez décidé de vous remarier malgré votre mauvaise expérience ou votre perte. Et maintenant, que faire?

C'est le moment de faire un bon examen de conscience. Votre vie ou votre image aurait-elle besoin d'être améliorée, colorée? C'est maintenant qu'il faut manifester un certain égoïsme éclairé et vous préoccuper de vous-même. Célibataire depuis peu ou non, il est utile de prendre un temps de recul et de se regarder soi-même. Vous voulez être tout ce que vous êtes capable d'incarner dans tous les domaines de votre vie et vous allez devoir apprendre à vous consacrer plus de temps que quand vous étiez mariée. En améliorant votre image, en vous choyant, vous apprendrez à vous aimer vous-même de plus en plus.

Et c'est grisant d'apprendre à se présenter à son mieux au reste du monde. L'apparence n'est peut-être pas tout, mais ça compte. Et pourquoi compromettre vos chances en amour ou au travail en refusant d'apprendre à tirer profit de votre apparence? Que ça nous plaise ou non, le succès et l'apparence vont souvent de pair; ne sabotez pas vos chances de percer dans la vie en vous entêtant à croire que les autres doivent vous accepter telle que vous êtes ou pas du tout. Les gens n'ont pas toujours le temps d'aller chercher qui se cache derrière une tenue mal soignée pour découvrir qui vous êtes vraiment.

Vous allez devoir agir. Bien sûr, vous êtes unique, forte, mais tout ça ne suffit pas si la présentation laisse à désirer. Vous avez probablement déjà entendu cette vieille blague au sujet d'un homme qui avait frappé un âne sur la tête avec un bâton après avoir prétendu être un expert en comportement animal. Pour justifier son geste, il avait expliqué: «D'abord, il faut attirer leur attention.» On le sait, les hommes ne sont pas des ânes, mais selon une enquête menée par Jacqueline Simenauer et David Carrol pour la revue *Singles* auprès d'hommes célibataires à qui on demandait ce qui les attirait d'abord chez une femme, 29% des hommes estimaient que l'apparence est très importante, 46% répondaient que l'apparence a une certaine importance, 12% n'étaient de toute façon pas intéressés, et 6% estimaient que l'apparence d'une femme n'a pas d'importance. Questionnés davantage, plusieurs s'accordaient à dire que l'apparence physique n'était importante qu'au début de la rencontre et qu'après les cinq premières minutes, l'intégrité, la gentillesse, la compréhension, le sens de l'humour d'une femme les intéressaient plus que son apparence. Cependant, ils préfèrent encore les femmes qui sont «propres, bien mises et qui ont un style personnel». Les hommes qui répondaient à ce questionnaire n'étaient pas du tout attirés par les femmes très obèses ou très maquillées, ils disaient préférer les femmes gracieuses, élégantes et heureuses.

Dans toute ma recherche, c'est au sujet de l'obésité que les réactions étaient toujours les plus négatives. Pas un seul homme disait préférer les femmes obèses. Certains propriétaires d'agences de rencontres que j'ai questionnés m'ont même avoué qu'ils refusaient d'accepter une cliente très obèse. D'ailleurs, la plupart des petites annonces personnelles stipulent «une femme mince». Même si c'est choquant et blessant d'être jugée de façon aussi superficielle, il faut accepter la réalité. Qu'on se fâche, qu'on tente de protester ou qu'on le déplore, et malgré les efforts des femmes obèses qui s'organisent en groupes, ouvrent des boutiques et dessinent des vêtements pour la femme «belle et grosse», il existe un préjugé contre les obèses en Amérique du Nord, et pas uniquement contre les femmes obèses. Les obèses des deux sexes sont souvent victimes de discrimination sur le marché du travail et perçus comme des perdants. Injuste! me direz-vous. C'est vrai, vous avez raison. Mais nous ne sommes pas au pays des contes de fées, c'est dans la réalité que nous devons vivre. Dans un monde idéal, on jugerait les gens selon leur valeur en tant qu'êtres humains, mais nous vivons dans un monde imparfait.

Mais j'essaie de perdre du poids depuis des années... Je ne sais pas si je pourrai.

Cette fois, vous serez mieux motivée. Vous souvenez-vous combien vous aviez mis de temps et d'efforts à vous préparer à vos études, à votre carrière ou tout simplement à une entrevue pour obtenir un poste ou un contrat? Vous trouver un nouveau mari fait partie de votre nouveau «contrat» dans la vie, et comme dans tout travail, c'est essentiel de planifier et d'y consacrer des énergies. La plupart des femmes qui réussissent vraiment à perdre du poids vous diront que ce n'est pas important de tenter d'atteindre un idéal impossible ni de ressembler à un mannequin. Nous ne pouvons pas toutes être minces comme des piquets ni nous conformer à toutes les normes que s'invente la société dans tous les domaines. Si vous perdez assez de poids pour en arriver à vous sentir mieux et plus belle, c'est parfait. Vous savez, à certaines époques de l'histoire c'était très chic d'avoir une taille de guêpe, pas de seins, les chevilles très fines, les épaules tombantes ou le front très haut. Je crois que si vous en arrivez au point où vous êtes contente de vous quand vous vous regardez dans un miroir, que vos vêtements tombent bien et que vous vous sentez bien, vous aurez réussi.

Donc, au travail. Si après vous être bien regardée et bien vue vous avez vraiment décidé de perdre du poids, dites-vous que malgré les modes, les théories et tous les régimes-miracles, il n'y a qu'une façon de perdre du poids. C'est simple: il faut manger moins de calories que l'organisme n'en dépense pour accomplir son travail. Ce travail inclut, bien sûr, le fait de soutenir les fonctions vitales du corps telles que mesurées par le rythme de métabolisme basal et votre activité physique proprement dite. Il existe d'incroyables quantités de méthodes, de diètes, de régimes, d'associations et de conseils. Prenez une décision bien informée et adoptez un programme équilibré qui vous convienne.

Je ne voudrais pas m'attirer la colère de qui que ce soit en vous recommandant un programme plutôt qu'un autre, mais je tiens à mentionner que «Outremangeurs anonymes» est un merveilleux groupe de support pour les outremangeurs compulsifs. Je vous dirai cependant certaines choses que vous devez savoir. Nos corps nous trahissent de bien des façons. En tant que femmes, nous avons plus de rondeurs que les hommes, et c'est plus difficile pour nous de perdre du poids. De plus, à mesure que nous mangeons moins, le corps ralentit son métabolisme, mécanisme de défense atavique contre la famine, et nous perdons du poids plus lentement. Il en résulte que nous avons de la difficulté à perdre du poids. Si c'est déjà difficile avant la ménopause, c'est pire après. Mais ne lâchez surtout pas. Ça se fait: c'est possible de maigrir. Des milliers de femmes qui étaient obèses sont maintenant des femmes minces.

Si vous ne voulez pas recommander un régime,
au moins dites-moi comment je peux
mieux réussir, cette fois, à perdre du poids.

Vous voulez devenir mince et le rester, une seule solution: changez, dès aujourd'hui, vos habitudes de vie. Pas question d'une diète ou d'un régime qui dureront deux semaines ou un mois, il vous faut changer vos habitudes alimentaires de façon permanente. J'ai colligé tous les renseignements disponibles sur les moyens les plus sûrs de perdre du poids de façon permanente et il me semble que le meilleur régime alimentaire, tant pour perdre du poids que pour être en bonne santé, ressemblerait au régime alimentaire des Asiatiques. Les règles alimentaires qui suivent vous aideront à maigrir, à stabiliser votre poids et à vivre en bonne santé. Consultez votre médecin avant de changer vos habitudes alimentaires au cas où votre état de santé ne vous permettrait pas de suivre mes conseils.

1. Éliminez autant de gras que possible de votre alimentation. Nous avons besoin de calcium: buvez du lait écrémé et mangez des fromages au lait écrémé. Mangez moins de beurre, de graisses, d'huiles, de margarine et de viandes grasses. Une autre raison d'éliminer la plupart des gras de votre alimentation: on les soupçonne de plus en plus de contribuer au développement du cancer du côlon, du sein, et peut-être de l'endométrie (paroi de l'utérus). Les gras saturés contribuent aussi au développement de l'artériosclérose.

2. Diminuez ou éliminez votre consommation de sel. Et n'attendez pas de souffrir d'hypertension pour le faire. Apprenez quels sont les aliments qui contiennent beaucoup de sel et de sodium, sachez aussi que les conserves, les préparations congelées, les pâtisseries commerciales, les marinades, les olives, les anchois, les viandes fumées et marinées en contiennent beaucoup.

3. Éliminez le sucre de votre régime alimentaire; nous pouvons toutes vivre sans lui.

4. Augmentez votre consommation d'hydrates de carbone, comme les fruits, les légumes, les légu-

mineuses. Mangez les légumes crus ou cuisez-les à la vapeur. Vous pouvez manger tous les légumes, même les pommes de terre, les patates sucrées et le riz, à la condition de ne pas les manger avec du beurre ou de la crème sure. Mangez plus de légumes de la famille des choux, comme le brocoli, les choux de Bruxelles, les choux et le chou-fleur. Des recherches récentes démontrent qu'ils aident à prévenir le cancer du côlon; ils contiennent des fibres qui aident à prévenir la constipation et contribuent à une meilleure nutrition.

5. Mangez du poulet (enlevez la peau) et du poisson; mangez moins de viande rouge et de porc. Faites comme les Asiatiques, utilisez-les pour relever un plat au lieu d'en faire le plat principal d'un repas.

6. Buvez l'eau la plus pure que vous pourrez trouver; buvez-en beaucoup. Buvez le moins possible de boissons gazeuses sucrées ou artificiellement sucrées; buvez plutôt des eaux minérales ou du club soda avec une tranche de citron.

7. Ne buvez pas plus d'un verre d'alcool par jour ou éliminez l'alcool complètement pendant que vous perdez du poids.

8. Mangez plus bas sur la chaîne alimentaire. Au lieu de manger l'animal ou l'oiseau qui mange les grains, les fruits ou les légumes, mangez plutôt les grains, les fruits et les légumes.

9. Éliminez la caféine de votre vie, mais faites-le graduellement; la caféine est une drogue puissante et vous vous exposez à faire une réaction sévère si vous tentez de l'éliminer d'un seul coup.

Il m'est arrivé de passer une fin de semaine dans un établissement thermal où j'ai été si malade (diarrhée, vomissement, migraine) que j'ai cru que j'allais mourir. Ce n'est que plus tard que j'ai appris que j'avais fait une sévère réaction de sevrage parce qu'on ne servait pas de café à cet endroit.

10. Utilisez les édulcorants artificiels avec beaucoup de modération; on se pose encore beaucoup de questions à leur sujet.

Si vous changez votre régime alimentaire et que vous vous appliquiez à suivre ces règles, vous devriez perdre du poids, avoir plus d'énergie et vous sentir mieux indéfiniment. Le changement et le miracle s'opéreront graduellement avec le temps et vous n'aurez plus jamais à compter une seule calorie! Apprenez à aimer une cuisine plus légère, à vous faire un auto-lavage de cerveau et à vous dire que vous n'aimez plus tous ces aliments lourds et gras qui vous faisaient engraisser.

J'ajouterai en passant que j'ai réussi à réduire les symptômes de chaleurs associés à la ménopause en prenant des vitamines A, E, B complexe, et C. Essayez, vous verrez toujours; ne prenez surtout pas de surdose de vitamine A ou E, vous risqueriez des réactions toxiques. Demandez conseil à un expert.

EXERCEZ-MOI CE CORPS!

Au moment où vous aviez l'impression que tout était dit, nous allons parler d'exercice. Je sais, vous en avez assez d'entendre parler de tous ses bienfaits, mais, il faut le reconnaître, tout ce que vous entendez depuis toujours est vrai! L'exercice aide à réduire le stress et la dépression, améliore la posture et la démarche, remonte les muscles fessiers, permet de brûler plus rapidement les calories et, aussi longtemps que quatre heures après, raffermit les muscles au point où tout tient en place, on peut enfin se permettre de jeter sa gaine pour toujours et — croyez-le ou non — l'exercice réduit même l'appétit. Ce n'est pas vraiment réaliste de croire que nous ressemblerons à Jane Fonda ou à Victoria Principal si nous faisons de l'exercice, mais notre corps sera au mieux de sa forme, et c'est un but qui en vaut la peine.

Il y a deux sortes d'exercices: les exercices aérobiques et les exercices de raffermissement musculaire. Et vous devriez vous livrer aux deux. Les exercices aérobiques augmentent l'efficacité de votre système respiratoire et de votre système vasculaire, et brûlent beaucoup de calories. Les exercices de raffermissement musculaire vous aideront, bien sûr, à raffermir vos muscles et à les remodeler. Efforcez-vous de faire quelque chose que vous aimez bien et qui ne vous ennuiera pas. Parmi les exercices aérobiques, vous pourrez essayer la course, le jogging, la marche rapide, la bicyclette, la natation, le saut à la corde, le tennis, le racketball, le patin ou la danse aérobique. Et pour raffermir vos muscles, vous pourrez lever des poids, travailler sur des machines comme le système Universel ou Nautilus, ou faire du yoga ou des exercices callisthéniques. Consultez votre médecin avant d'entreprendre un nouveau programme d'exercices.

C'est très bien pour les sportives, mais je suis la pire athlète du monde!

Moi aussi, mais voici comment je me suis gardée mince, en forme et en santé quand j'étais célibataire. J'allais au gymnase après le travail, environ trois fois par semaine, je faisais une série d'exercices sur le système Nautilus, je levais des poids, puis je prenais un bain tourbillon, un bain de vapeur ou un sauna. Cette routine très relaxante après une journée de travail au bureau m'empêchait de trop manger et m'aidait à mieux dormir. Presque tous les matins, je marchais ou je courais un mille. J'étais obligée de me lever à 6 h 30 pour aller courir parce que je devais être à mon bureau pour 8 h 30, mais ça valait la peine. Je me sentais et j'avais l'air tellement en forme que je commençais toujours ma journée de travail débordante d'énergie. Si vous ne vivez pas dans un climat chaud ou si vous ne pouvez sortir, vous pouvez toujours, avant de commencer votre journée, utiliser une bicyclette stationnaire ou sauter à la corde, ou faire des exercices aérobiques en écoutant de la musique ou un vidéo. Si vous pouvez vous le permettre financièrement et si vous en avez le temps, je vous suggère de vous joindre à un gymnase ou à un club, préférablement mixte. Ce sont, bien sûr, d'excellents endroits où rencontrer des hommes de façon informelle, et le fait de savoir qu'ils vous verront dans votre léotard vous incitera à prendre vos exercices très au sérieux! Si vous ne vous sentez pas confortable dans ce genre d'activité, c'est très bien aussi; je ne suis pas là pour vous forcer. L'important c'est de faire de l'exercice. Si vous n'avez pas les moyens de vous joindre à un club privé, allez voir du côté des centres communautaires et sportifs; ils ont en général des programmes d'activités intéressants.

Avez-vous d'autres conseils pour se garder en forme?

Oui. Je sortais rarement dîner à moins d'être invitée chez des amis ou au restaurant. Il ne s'agissait pas simplement de vouloir économiser; mais il est plus facile de surveiller son alimentation quand on mange chez soi. Comme je suis hypoglycémique j'enrage de faim le midi, alors je mange toujours beaucoup à l'heure du lunch. J'essayais et j'essaie toujours de manger dans des cafétérias et des restaurants où l'on sert du poisson, des salades; bref des endroits où je peux manger de grandes quantités d'aliments qui ne font pas engraisser. À la maison, je mangeais des légumes cuits à la vapeur, du poulet grillé, sans la peau, ou seulement une pomme si je n'avais pas très faim.

Essayez de manger davantage le midi et moins au souper. Il y a des avantages à manger de cette façon-là: vous avez de meilleures chances de brûler les calories que vous absorbez avant d'aller dormir, vous aurez le temps de bien digérer avant d'aller au gymnase après le travail et encore assez d'énergie pour faire de l'exercice, et vous n'aurez pas à remplir votre réfrigérateur d'aliments qui font engraisser.

Voici quelques conseils que vous trouverez utiles et sages quand un homme charmant vous invite à dîner. Si on vous invite à la dernière minute et que vous ayez déjà mangé votre gros repas du midi, vous vous contenterez d'un coquetel de crevettes ou d'une petite salade et d'un verre de vin. Mais non, il ne vous en voudra pas, vous lui faites faire des économies. Mangez au même rythme que lui et il ne se sentira probablement pas inconfortable. Vous pourrez aussi vous contenter de commander les légumes qui accompagnent normalement le repas, une pomme de terre au four (sans beurre) ou une tomate grillée. Surtout ne refusez jamais une invitation que vous fait un homme parce que vous avez déjà mangé. Quand je savais à l'avance que j'allais sortir manger le soir, je grignotais le midi pour pouvoir manger davantage le soir. La plupart des hommes s'offusquent de voir les femmes commander un gros repas et avaler à peine quelques petites bouchées, et je ne les blâme pas. Servez-vous de votre sens commun quand vous commandez un repas. Emmagasiner de la nourriture sur soi et aller au-delà de sa faim c'est engraisser; et vous ne voulez pas ça!

Mais qu'est-ce que je fais pour nourrir mes enfants?
Si vous avez des enfants, vous devriez songer à garder dans la maison des aliments qui vous assureront à vous et à eux une meilleure nutrition par calorie, plutôt que des calories vides. Les enfants n'ont pas besoin de chocolat, de biscuits, de boissons gazeuses ni de crème glacée. S'ils y tiennent absolument ils en mangeront le midi à l'école — faites-leur confiance! — ou sur le chemin du retour. À la maison ils peuvent manger du maïs soufflé (sans beurre, c'est une gâterie très saine et très faible en calories), des jus des fruits, des muffins de grains entiers, des

raisins secs et des noix. Il y a même beaucoup de jeunes qui deviennent végétariens. Les enfants aiment les pâtes alimentaires et c'est un excellent choix; elles ne font pas engraisser si on évite les sauces au fromage, au beurre, à l'huile et à la viande. Vous pouvez préparer toutes sortes de recettes délicieuses à base de pâtes alimentaires; il en existe une telle variété que vous ne vous lasserez pas. Essayez les pâtes au blé entier, aux tomates ou aux épinards avec des sauces aux tomates et aux légumes. Essayez les nouilles chinoises, inspirez-vous des cuisines orientales. Apprenez à utiliser le tofu, très faible en calories; c'est une excellente source de protéines. Les adolescents, même les garçons, aiment cuisiner et expérimenter; cédez-leur volontiers votre cuisine et laissez-les développer leurs talents. Qui sait, ils vous apprendront peut-être quelque chose!

Mais si j'ai un homme dans ma vie, si mon travail, ma maison et mes enfants prennent tout mon temps, comment arriver à suivre vos conseils?
VOICI UNE RÈGLE ABSOLUE! Qu'il se passe n'importe quoi d'autre dans votre vie, trouvez le temps de vous occuper de votre corps et de votre santé. Les hommes viennent et partent dans nos vies, mais nos corps nous restent! Il y a une incroyable différence entre un corps dont on s'occupe et qu'on tient en forme, et un corps qui ne prend jamais d'exercice, surtout chez les femmes d'un certain âge. De plus, nous ne pouvons pas nous permettre d'être malades. Il n'y a pas de mari pour nous soigner et prendre sa part des responsabilités, et la maladie coûte toujours cher. Donc, mangez sainement, ne faites pas d'abus d'alcool ni de drogues, et prenez des vitamines même si vous courez tout le temps et travaillez très fort. Lisez, renseignez-vous sur la nutrition et faites de l'exercice. Votre mère avait raison. Si vous mangez tous vos légumes, vous serez en santé. Et si vous avez des enfants, vous leur donnerez le bon exemple. Et ce n'est

pas forcément plus long de préparer une cuisine saine. Avez-vous pensé au four micro-ondes; c'est si rapide.

LE MAQUILLAGE

Maintenant que vous devenez mince et resplendissante de santé, il faudrait peut-être songer à votre maquillage. C'est quand même essentiel de s'occuper correctement de sa peau et de se maquiller au moins un peu. C'est beau d'avoir l'air naturel, ça ne veut pas dire qu'il ne faut pas se maquiller du tout. Une fois passée l'adolescence, toute femme a besoin d'un peu de couleur. Pour un maquillage léger, appliquez une crème hydratante ou un fond de teint translucide pour protéger votre peau, un nuage de fard à joue, un rouge à lèvres ou un brillant à lèvres et un peu de mascara si vos cils sont trop pâles. Pour le maquillage du jour, il est préférable d'utiliser une palette de couleurs naturelles, des nuances de terre pour les yeux, du mascara brun, des fards à joues légers dans des tons de pêche et des rouges à lèvres corail ou rouge clair. Pour votre maquillage du soir, vous pourrez vous permettre un brin de folie, expérimenter, utiliser des couleurs plus foncées et accentuer le maquillage de vos yeux.

Le mieux à faire c'est de lire beaucoup, de vous renseigner sur le maquillage et de tenter des expériences. Surtout, estompez beaucoup votre maquillage. Sitôt votre fard à joues appliqué, enlevez-en un peu, estompez; apprenez à vous regarder d'un œil critique quand vous faites votre maquillage. Maquillez-vous toujours devant un miroir grossissant. Je sais, c'est à faire peur tous ces pores et toutes ces petites rides; mais votre maquillage sera mieux réussi. Si votre travail est présentable devant un miroir grossissant, il sera parfait à l'œil nu. Et il n'est pas nécessaire d'acheter des cosmétiques de prix élevé. C'est d'ailleurs assez amusant de magasiner et d'essayer les échantillons.

Croyez-vous que je devrais payer un expert
pour m'aider à repenser mon maquillage?

Nous n'avons pas toutes facilement accès aux véritables artistes du maquillage, nous devons, pour la plupart, nous fier aux consultants dans les grands magasins qui sont là avant tout pour vendre leurs produits. Ces gens-là ont tendance à exagérer et on finit toujours par avoir l'air trop maquillée. La plupart des artistes du maquillage ont aussi tendance à utiliser des techniques de caméra, et leurs maquillages sont souvent trop osés, trop prononcés et trop artificiels pour la vie quotidienne. Ils utilisent des fonds de teint trop lourds, des rouges à lèvres trop foncés, et leurs maquillages des yeux sont souvent si exagérés que la plupart des femmes hésiteraient à les porter pour une soirée et encore plus pour aller travailler. Une femme très jeune peut se permettre des maquillages exagérés. Celles qui sont plus âgées ont l'air dur et bien ridicules quand elles tentent de porter les maquillages excessifs et dramatiques qu'on voit dans les revues de modes. Ne laissez personne vous convaincre du contraire.

Prenez bien soin de votre peau et faites-le fidèlement et régulièrement. Les dermatologues estiment que le soleil est le pire ennemi de votre peau. Si vous tenez à prendre des bains de soleil, appliquez une crème protectrice. Il existe des crèmes et des préparations qui bloquent les rayons dommageables du soleil et qui sont numérotées selon le degré de protection qu'elles permettent. Apprenez à les connaître et à les utiliser.

LA COIFFURE

Votre coiffure est un des éléments les plus importants de votre nouvelle image; elle sera seyante, contemporaine. Que vous préfériez porter vos cheveux courts, longs, droits ou bouclés, adoptez un style de coiffure que vous pourrez entretenir vous-même.

Faites-vous donner une excellente coupe de cheveux, c'est votre meilleur investissement! Cherchez, n'hésitez pas à changer de coiffeur; vous le trouverez, le génie qui saura trouver la coiffure qui vous avantage. Vous avez moins de temps que par le passé pour aller chez le coiffeur et vous ne savez jamais quand on vous invitera à sortir à la dernière minute. Choisissez un style de coiffure que vous pouvez laver et entretenir facilement; c'est très facile d'utiliser les rouleaux chauffants, le fer à friser ou le séchoir. Et lavez souvent vos cheveux. Les hommes adorent les cheveux propres, soyeux, qui sentent bon. Je n'ai jamais eu de très beaux cheveux, et si tel est votre cas, consolez-vous et courage, j'ai quand même trouvé un mari! J'ai des cheveux durs et gros, qui n'en font qu'à leur tête dès qu'il fait un peu humide, et se mettent à friser et à crêper de partout. Et j'habite probablement la région la plus humide qui soit. Pour certaines femmes, c'est plus important que pour d'autres d'avoir une excellente coupe de cheveux. Mais nous sommes toutes capables d'avoir les cheveux propres et bien entretenus sans trop d'efforts. Alors, pas d'excuses. N'hésitez pas à dépenser pour vous faire faire une excellente coupe, vous aurez besoin de la faire retoucher à peu près aux six semaines. Trop cher, dites-vous! Vos cheveux seront beaux et faciles à entretenir pendant au moins six semaines; non, ce n'est pas trop cher.

Pensez-vous que je devrais colorer mes cheveux?
On dit si souvent que les hommes préfèrent les blondes.
Il n'y a vraiment pas de règle a ce sujet. Je colore les miens. Les cheveux gris sont parfois superbes, mais vous avez peut-être envie d'expérimenter et de jouer avec la couleur pour voir et décider si vous aimez. Vous pourrez utiliser des rinces de couleur, des perruques de teintes différentes ou consulter un expert. Si vous décidez de colorer vos cheveux, voyez à ce que les racines soient toujours entretenues. Vous le savez bien, le prix de la beauté c'est la vigilance absolue. Vous verrez, c'est au moment où les racines de vos cheveux ne sont pas entretenues que vous rencontrerez cet homme que vous mourez d'envie d'im-

pressionner. Il ne les verra pas nécessairement, mais VOUS SAUREZ et vous aurez moins d'assurance. Tout ce qui nous rend moins à l'aise et moins sûres de nos moyens se communique aux autres. Un peu de vigilance donc, ne permettez pas à ce genre de détail de vous enlever de l'assurance.

LES POILS SUPERFLUS

C'est ici qu'il faut parler des sourcils et des moustaches. Si vous ne ressemblez pas vraiment à Brooke Shields, vos sourcils ont besoin d'être épilés (modérément — les poils fous seulement). Tous les poils superflus de votre corps devraient être rasés, enlevés à la cire ou à l'électrolyse, surtout les poils au menton et la moustache. J'ai passé des centaines d'heures en électrolyse, mais ça vaut la peine. Rasez vos jambes et vos dessous de bras. Seules les vedettes italiennes peuvent se permettre de ne pas se raser et même la plupart d'entre elles le font maintenant. Rien n'est moins joli que ces petits poils qui pointent à travers vos bas, et que dire de ces longs poils qui apparaissent quand vous levez les bras pour lui caresser les cheveux; dans notre culture ça a rarement son charme. Et si vous tenez à aller contre la norme, vous aller devoir vous résigner à ce que ça déplaise à certains hommes.

LA CHIRURGIE PLASTIQUE

Subir ou non une chirurgie plastique, c'est une décision bien personnelle. N'écoutez pas ce que les autres pourraient vous dire. Si vous croyez que la chirurgie plastique c'est pour vous, consultez au moins deux spécialistes. S'ils sont tous deux d'avis qu'un tel traitement vous aiderait à être et à vous sentir plus belle, vous pourrez alors décider de vous y soumettre. Je connais beaucoup de femmes qui se sont fait faire des liftings ou des peelings du visage et qui en sont très satisfaites, et d'autres qui se sont fait remodeler le nez ou qui ont subi des replasties mammaires. Toutes se sentent plus belles et elles le sont. Je crois même que la chirurgie plastique a aidé certaines d'entre elles à se remarier parce que, étant plus belles, elles étaient plus sûres d'elles-mêmes. Elles ont su transformer leur vie et le reste de leur apparence. Si la chirurgie plastique contribue à vous rendre plus heureuse et à vous donner plus d'assurance, allez-y, je vous encourage. Vos proches seront probablement d'accord eux aussi. Attention: trouvez un excellent chirurgien. Ce n'est pas le moment de chercher à faire des économies.

LES VÊTEMENTS

Les vêtements doivent être un élément important dans votre budget. Vous êtes célibataire et c'est important d'exceller en tout temps, et surtout quand vous sortez de la maison, parce que vous ne savez jamais quand vous allez rencontrer quelqu'un que vous n'avez pas vu depuis un certain temps, quel homme vous rencontrerez (j'ai même fait la connaissance d'un homme charmant dans l'ascenseur de l'édifice où j'habite), ou quand on vous invitera à sortir. Il faut être à son mieux à l'épicerie et même chez le teinturier. C'est très important d'être bien mise au travail et même si vous devez porter un uniforme vous pourrez vous exprimer dans le choix de vos accessoires.

Mais j'ai très peu d'argent.
Est-il possible de bien s'habiller sans trop dépenser?
Bien s'habiller et surtout avoir l'air élégante quand on dispose d'un petit budget c'est un défi, c'est même créateur. On trouve toutes sortes de trucs qui permettent d'économiser. Il suffit de magasiner dans des boutiques d'escomptes ou chez les manufacturiers et d'apprendre à profiter des soldes. Faites d'abord un examen sérieux de votre garde-robe et débarrassez-vous de ces tricots de polyester défraîchis qui prennent de la place. Si vous avez une amie qui s'habille toujours avec goût, invitez-la à

vous aider à faire le ménage de votre garde-robe; elle vous conseillera sur ce que vous devriez garder et sur ce que vous devriez remplacer. Le saviez-vous, beaucoup de femmes achètent dans des boutiques de vêtements usagers et même au marché aux puces. Pour ma part j'ai essayé, mais sans succès. Si vous avez assez de style et d'imagination pour savoir choisir ce genre de vêtements, si vous savez les transformer quelque peu et les porter avec à propos, n'hésitez pas. Vous économiserez beaucoup d'argent et personne ne saura.

Achetez des vêtements de lignes classiques plutôt que des modes qui passent; c'est un meilleur placement. D'ailleurs, j'ai découvert que les hommes préfèrent les lignes classiques, élégantes et subtilement sensuelles, comme les blouses de soie portées assez ouvertes à l'encolure pour intéresser sans être trop décolletées, et les jupes bien ajustées, fendues, mais subtilement. Ajoutez quelques bijoux (bien sûr, ils peuvent être faux), une ceinture, de jolies souliers et vous pourrez aller n'importe où, sauf peut-être à une soirée de gala. C'est vrai que les hommes lorgnent beaucoup les femmes qui portent des vêtements très ajustés, aux décolletés plongeants et transparents, ils remarquent même les plumes, mais ils seraient très contrariés de voir leur femme s'attifer ainsi. La plupart des hommes ne tiennent pas à ce que les autres pensent que leur femme est facile ou vulgaire, et ils préféreraient peut-être même la voir porter des petits cols Peter Pan et des souliers bas très sages s'ils arrivaient à la convaincre.

Quand on m'invitait à faire un voyage ou à assister à un événement spécial, j'empruntais des vêtements à une amie plutôt que d'acheter quelque chose que je ne porterais qu'une fois. Mon amie Marilyn avait une garde-robe et des bijoux extraordinaires, et j'ai souvent pigé dans ses réserves. Vous aussi, sans doute, avez une Marilyn dans votre vie qui accepterait de bonne grâce de vous prêter des choses.

Vous aurez également besoin de vestes, de manteaux, de chandails, de T-shirts, de jeans et de pantalons.

Vous porterez ces vêtements souvent et longtemps; achetez de la qualité. Achetez en solde les colifichets et les petites folies dont on ne saurait se passer. C'est facile aussi d'acheter, quand ils sont à rabais, les bas, les costumes de bain, les tenues de plage, les ceintures, les léotards, les collants, les tenues de gymnastiques les écharpes, la lingerie, les sacs à main, les chapeaux (que les hommes adorent), les gants, les peignes et les barrettes. Classiques, ces choses-là le demeurent et vous pourrez avec le temps en avoir toute une collection.

Y a-t-il un type de vêtement dont j'ai plus besoin maintenant qu'avant?

Oui, en tant que célibataire intéressée à acquérir un mari, vous aurez besoin d'une provision de ces longues robes dites vêtements d'intérieur. Vous les porterez pour servir le petit déjeuner si votre homme passe la nuit chez vous, et elles sont d'une telle élégance pour les petits dîners en tête à tête. Que vos dessous, si vous en portez, soient légers; ce genre de robe permet à une femme de laisser deviner ses courbes sans devenir vulgaire. Vous choisirez des robes assez opaques pour laisser au moins un petit quelque chose à l'imagination. J'ai l'impression de bouger autrement quand je porte une robe longue: il y a un petit quelque chose de provocant chez une femme qui porte un long vêtement gracieux; les hommes aiment bien! N'oubliez pas que ces robes sont dites d'intérieur. Il serait sans doute un peu déplacé de les porter ailleurs. Ces robes passent rarement la rampe comme tenue de plage ou comme tenue de gala.

Est-ce tout ce que je dois savoir au sujet des vêtements?

Parlons un peu des dessous. Plus que jamais vous aurez besoin qu'ils soient jolis. Aérez vos tiroirs et défaites-vous des dessous qui vous font vieux jeu. Portez des petites culottes quand même moins sages, si la coupe bikini ne vous va pas bien, et des soutiens-gorge plus doux, moins structurés. Certaines femmes éliminent les petites culottes et se contentent de porter le bas-culotte; vous choisirez ceux qui ont une fourche de coton pour prévenir les infections vaginales. Et ces nouvelles chemises en une pièce sont si jolies si vous avez le physique pour les porter. Le port de la jarretière et des bas est un choix bien sexy pour les femmes qui peuvent se le permettre (il faut des cuisses bien fermes). Ne nous racontons pas d'histoires, nous savons toutes que nous portons des dessous bien différents quand une sortie avec un homme risque de se terminer au lit, mais c'est possible de porter de jolis dessous sous une tenue de travail — c'est même bien agréable pour une femme de savoir que de très jolis dessous touchent sa peau.

Vous, les plus jeunes, qui pouvez vous permettre de ne pas porter de soutien-gorge, continuez à le faire. Il est conseillé cependant de porter un soutien-gorge si vous faites de la course ou de la danse aérobique, pour protéger vos seins et les empêcher de tomber.

Achetez toujours des vêtements de qualité, dans la mesure de vos moyens, et assurez-vous qu'ils soient toujours parfaitement pressés. Il m'est même arrivé d'être en train de presser un vêtement sur le plancher de ma chambre pendant qu'un homme m'attendait au salon. Si je n'avais pas eu le temps de le faire avant, je le faisais à ce moment-là. Assurez-vous aussi que tout ce que vous portez soit toujours propre, jamais déchiré. Examinez chaque vêtement au moment où vous l'enlevez et réparez-le immédiatement s'il y a lieu. Mettez au lavage et, sans tarder, allez porter chez le teinturier tout ce qui a besoin d'être nettoyé. Quoi de plus désappointant que d'avoir besoin d'un vêtement et de découvrir qu'il n'est pas en état d'être porté. Nos journées sont si occupées, si spontanées, que nous n'avons pas besoin de surprises dans nos armoires.

PRENDRE SOIN DE SOI

Oui, c'est essentiel la propreté! Et ce n'est pas le moment d'être négligente. N'oubliez pas de prendre votre bain ou une douche tous les jours, deux fois par jour c'est encore mieux, et toujours avant une sortie. Utilisez du déodorant sur vos aisselles et une crème sur votre corps pour adoucir votre peau. Vous ne pouvez pas vous attendre à avoir une peau douce comme du satin si vous vous contentez d'appliquer une crème ou une lotion une fois de temps en temps ou juste avant de sortir avec un homme. Vous devez le faire tous les jours. Adoptez la devise des guides: toujours prête.

Vos ongles aussi doivent toujours être propres. Entretenez votre vernis à ongles et ne le laissez pas s'écailler. Pour ma part, je n'y arrive pas, alors je porte du vernis incolore. Les hommes remarquent vraiment ce genre de chose.

Parfumez-vous chaque fois que vous vous habillez; des eaux de Cologne légères pour le travail et des parfums plus intenses pour le soir. Ayez toujours un mouchoir propre, avec de la dentelle si possible. Gardez vos souliers cirés et en bon état; des souliers sales et défraîchis c'est désagréable et, avouons-le, ça respire la pauvreté. Essayez aussi de mettre de l'ordre dans votre sac à main. Je n'y arrive pas, mais j'essaie vraiment. Très peu d'hommes aiment les sacs à main en désordre.

UN PEU DE TENUE

Mais je me sens un peu comme Pygmalion! Vous voici mince, en forme, bien habillée, superbement maquillée et pomponnée! N'ALLEZ PAS TOUT RUINER EN MARCHANT COMME SI VOTRE CORPS ÉTAIT UN PAQUET DE CHIFFONS! Tenez-vous droite, que votre démarche soit gracieuse, essayez de glisser plutôt que de sautiller. Toutes les belles femmes savent se tenir. Pensez-y! Et toutes les femmes sexy savent bien marcher et marcher sans courir. Pouvez-vous imaginer Joan Collins à la course? Apprenez aussi à utiliser vos mains. Les hommes adorent les femmes orientales qui apprennent dès la naissance à utiliser leur corps et leurs mains gracieusement. Un jour j'étais en train de brasser un café dans une tasse en styromousse et un homme m'a dit: «Vous faites ça *si bien*.» Je ne l'ai jamais oublié!

Bon! Avez-vous l'impression que vous allez passer 90 p. cent de votre vie à vous occuper de votre apparence? Courage! À partir du moment où tout ça deviendra une routine, une habitude, vous n'y passerez pas tout votre temps, rassurez-vous. Mis à part les heures passées à faire du magasinage et de l'exercice, tout le reste se fait en quelques minutes. Vous pouvez facilement apprendre à vous faire un maquillage complet en sept minutes et une fois votre garde-robe organisée, l'entretien en est simple.

Complétons ce chapitre en discutant de votre santé, de votre maison, de votre argent et de votre travail: tous des facteurs très importants dans votre vie de femme célibataire.

VOTRE SANTÉ

Il est plus important que jamais de vous occuper correctement de votre santé. Je ne sais trop si vous connaissez les échelles de stress formulées par nos amis les psychologues. Ils ont attribué des valeurs numériques à plusieurs situations et quand vous atteignez un certain pointage, vous devenez vulnérable face à la maladie. Le divorce et la mort d'un conjoint se situent bien haut dans les situations de vie qui provoquent le stress. Ajoutez d'autres situations frustrantes, comme un déménagement ou un changement de travail, et vous devenez très vulnérable.

Vous pouvez combattre le stress de plusieurs façons. Pour ma part, c'est dans l'exercice physique que j'y arrive le mieux. On croit de plus en plus, d'ailleurs, que l'exercice physique aide au bien-être émotionnel en libérant des substances tranquillisantes naturelles dans le cerveau. D'autres préféreront la méditation, ou consacreront plus de temps à leur passe-temps préféré, ou feront tout simplement une bonne marche ou une sieste. Découvrez vos propres moyens de combattre le stress et prenez le temps de les utiliser.

Une seule exception, l'alcool. Je l'ai déjà dit, trop consommer d'alcool est mauvais pour la santé. Boire pour se relaxer risque de dégénérer en dépendance physique et psychologique. D'ailleurs, l'effet sédatif de l'alcool n'est que passager. L'alcool a comme effet secondaire d'irriter le système nerveux après plusieurs heures, ce qui n'avance à rien quand le but est de se relaxer.

Vous ne pouvez vous permettre d'être malade maintenant que vous êtes seule à prendre soin de vous et que vous devez travailler. Être malade, ça coûte cher, et les femmes qui se retouvent célibataires doivent se débrouiller avec parfois bien peu d'argent. Heureusement pour moi, j'ai été malade seulement deux fois en trois ans de vie célibataire: deux rhumes! J'ai eu vraiment très peur quand on a décelé une masse à un sein, mais ce n'était qu'un kyste bénin. On l'avait d'ailleurs remarqué lors d'un examen de routine, et c'est un point sur lequel je tiens à insister: les examens de routine. Consultez votre gynécologue au moins une fois par année, deux, si possible. Voyez votre médecin généraliste pour un examen de routine au moins une fois par année. Votre dentiste aussi. Ma sœur est morte à cinquante-trois ans d'un cancer du côlon. Si elle avait subi plus tôt un examen rectal, on l'aurait peut-être sauvée. Elle n'avait pas passé d'examen médical depuis la naissance de son dernier enfant une vingtaine d'années auparavant. Je vous en prie, même si vous détestez autant que moi vous rendre chez le médecin ou le dentiste, allez-y quand même! Si vous prenez soin de votre corps, il vous le rendra bien. Et nous n'avons pas de modèles d'échange, il nous faut vivre avec ce que la nature nous a donné. Il faut chérir notre corps jusqu'à notre dernier jour qui, hélas, viendra bien assez tôt.

ÊTRE BIEN CHEZ SOI

L'endroit où vous décidez de vivre est très important. Au début de mon célibat, on me conseillait de ne pas déménager au bout du monde parce qu'aucun homme alors ne voudrait sortir avec moi. Je serais «G.I.» — géographiquement indésirable. Alors je n'ai pas acheté la jolie maison de banlieue qui me faisait envie et, pour le même prix, je suis déménagée dans un endroit plus central. Le plus amusant c'est que les trois premiers hommes que j'ai fréquentés vivaient tous trois dans le quartier où j'avais hésité à m'installer. Je crois qu'il y a là une leçon à retenir. Vivez donc dans l'environnement qui vous plaît. Je connais au moins deux femmes qui se sont fait faire la cour par des hommes qui habitaient à l'autre bout du pays. L'amour trouve toujours moyen de se manifester!

Bien sûr, certaines n'auront pas beaucoup de choix. À cause de problèmes financiers ou des besoins de vos enfants, vous devrez peut-être vivre dans la maison que vous partagiez avec votre ex-mari. C'est pénible pour des enfants de déménager, de quitter leur quartier et leurs amis, et le changement survenu dans la situation familiale est déjà un choc pour eux. Si vous devez louer, ce n'est pas toujours facile de trouver des endroits où l'on accepte les enfants. Donc, selon les limites de votre budget et selon les circonstances, tentez de vivre dans le meilleur endroit que vous pourrez vous permettre. N'économisez pas sur le logement. S'il vous faut faire des économies, pensez plutôt aux transports, aux vêtements ou à la nourriture (en mangeant moins de viande, vous pouvez manger très sainement et plus économiquement); mais n'économisez pas sur le logement. C'est important d'avoir la satisfaction de vivre dans un environnement aussi agréable que possible. Vous avez besoin d'un refuge après une journée de travail, d'un endroit calme et reposant pour profiter de la compagnie de vos enfants et de vos amis. De plus, les hommes ont tendance à passer beaucoup de temps chez l'élue de leur cœur; votre maison et son charme, ça compte et ça fait partie de l'ambiance que vous projetez quand un homme vient vous prendre avant une sortie.

Créez le décor le plus charmant et le plus calme que vous pourrez vous permettre. Si vous ne déménagez pas, peut-être un peu de peinture, quelques transformations mineures. Pas de traîneries, de grâce, mais plutôt une impression d'espace et d'ouverture. Choisissez des couleurs neutres, quelques objets de couleurs vives pour le contraste, et des plantes. De la belle vaisselle, de la verrerie et des nappes pour recevoir. Que les hommes puissent voir ce qu'ils ont à perdre s'ils vous laissent leur échapper. Car, voyez-vous, les hommes surtout les hommes un peu plus âgés, adorent le confort et cherchent toujours à se faire chouchouter. Créez donc un décor où il vous sera facile d'être attentive; un fauteuil très confortable où «il» pourra se reposer, un pouf pour ses pieds, une provision d'alcool et de vin que vous pourrez offrir à vos invités. Les hommes, autant que les femmes, apprécient la prévenance et la gentillesse.

L'ARGENT, L'ARGENT, L'ARGENT

Un autre problème, c'est, bien sûr, l'argent: comment l'administrer et, question bien intéressante, comment l'acquérir! Hélas! les sorties n'aident en rien la femme célibataire à rencontrer les dépenses de sa vie quotidienne. Les hommes ont, en général, l'impression que la femme célibataire a vraiment le beau rôle; ils la sortent, lui paient à dîner, l'emmènent au théâtre ou au spectacle. Ce n'est cependant pas ainsi que la plupart des femmes célibataires peuvent se permettre normalement de dépenser leur argent. Même si vous n'avez pas d'enfants à faire vivre, vos sorties avec les hommes ne vous aideront certainement pas à rencontrer vos obligations. C'est charmant de se faire sortir et de recevoir parfois des cadeaux. C'est un peu comme le glaçage sur le gâteau de notre vie, n'est-ce pas? Vous le savez bien, une part importante de votre salaire servira à couvrir les dépenses courantes comme l'auto, les assurances, l'habillement, le loyer, la nourriture ou l'hypothèque. Le budget de la femme moyenne ne lui permet pas souvent les voyages, les dîners fins au restaurant ou les événements culturels de grande envergure. Et c'est très important de ne pas dépasser les limites de son budget.

Bien sûr, tout le monde n'a pas le même revenu ni les mêmes dépenses. Pour ma part j'ai découvert que je pouvais économiser sur la nourriture, de même qu'en conduisant une voiture économique et fiable, en tentant de vivre en santé et en ne me permettant que rarement les dîners fins au restaurant. Mes dépenses majeures concernaient les vêtements, l'hypothèque, les assurances et les achats inévitables. Évaluez vos avoirs de façon réaliste. Même si votre revenu est moyen, vous pouvez réussir à mieux administrer votre budget. Renseignez-vous. Soyez vigilante face à la planification financière, aux impôts. Être une femme n'est plus une excuse pour ignorer les questions d'argent. Plusieurs d'entre vous se trouveront peut-être en possession d'une grosse somme d'argent, pour la première fois de leur vie, à cause d'un divorce ou d'un décès et c'est trop facile de laisser cet argent vous glisser entre les doigts si vous ne planifiez pas sérieusement. Votre avoir peut se volatiser sans que vous vous en rendiez compte, par petites sommes, pour des choses qui n'ont aucune valeur permanente. Je voulais faire un placement. La maison que je possédais avec mon premier mari venait d'être vendue et j'étais en possession de la part qui me revenait. Je me suis donc acheté un condominium et j'ai fait un dépôt sur un autre, encore à l'état de projet, que j'avais d'ailleurs l'intention de revendre à profit. J'ai agi ainsi pour deux raisons: d'abord, je voulais profiter du dégrèvenemt d'impôt sur les intérêts de mon hypothèque, puis, j'avais besoin d'un toit et rêvait d'un placement sûr dont la valeur ne se déprécierait pas et que je pourrais même peut-être, un jour, revendre à profit. Sage décision. Quand je me suis remariée j'ai vendu mon condominium et réalisé un profit intéressant. Le deuxième condominium n'a jamais été construit; je n'ai rien perdu, on m'a remis mon dépôt et les intérêts accumulés depuis deux ans.

Renseignez-vous bien avant de faire un placement. Beaucoup de veuves et de divorcées se sont fait escroquer par des beaux parleurs et ont risqué de mauvais placements. Le marché des actions en est un de risques, n'y investissez que de l'argent que vous pouvez vous permettre de perdre. Les placements comportent toujours un certain risque, surtout si on n'analyse pas froidement les renseignements qu'on nous fournit. Et si vous détenez des parts minoritaires dans une compagnie, sachez bien qu'en tant que partenaire minoritaire vous n'avez aucun pouvoir de décision. Vous rentrerez en possession de votre argent seulement si un contrat stipule que vous participerez aux profits, si vous vendez vos parts à quelqu'un d'autre ou si la compagnie est vendue. Ne signez surtout pas de documents avant d'avoir consulté un bon avocat. Plus loin, je vous parlerai plus en détail de ces hommes «chercheurs d'or» qui en voudraient peut-être à votre argent, et de ce qu'il faut faire pour les éviter.

Quoi encore?
J'ai eu beaucoup de difficultés à obtenir une cote de crédit après mon divorce et c'est probablement encore un problème aujourd'hui pour une femme dont le crédit a toujours été établi au nom de son mari. Même chose pour l'assurance-auto: la compagnie qui m'assurait quand j'étais mariée a refusé de m'assurer une fois divorcée. J'ai fait des recherches et fini par trouver une compagnie qui acceptait d'assurer ma voiture. J'ai mis beaucoup de temps à obtenir ma première carte de crédit, puis les autres sont venues plus facilement. Je bénéficiais d'une assurance hospitalisation au travail, c'est très sécurisant. Si vous ne travaillez pas, vous aurez peut-être des problèmes à vous assurer.

Attention de ne pas dépasser les limites de votre budget quand vous utilisez vos cartes de crédit. Un excellent conseil, que je tiens d'ailleurs d'un expert, c'est de ne jamais les utiliser au restaurant. En payant alors comptant, vous aurez moins tendance à dépenser exagérément et n'aurez pas à payer une incroyable facture longtemps après avoir oublié jusqu'au souvenir d'un si beau repas. Utilisez vos cartes de crédit surtout lors de gros achats, ou quand vos réserves d'argent comptant sont bien basses, par exemple à Noël, pour habiller les enfants lors de la rentrée scolaire ou encore pour les voyages d'urgence. Il se publie d'excellents guides d'utilisation des cartes de crédit, renseignez-vous. Vous le savez bien, ce n'est pas drôle d'avoir des problèmes financiers.

C'est le moment de discuter de votre travail. Mes conseils ne vous seront d'aucune utilité si vos revenus ne vous permettent même pas de survivre. Quel travail? me direz-vous. Je parle de celui que vous allez obtenir si vous n'en avez pas déjà un. Oui, vous devriez travailler même si vous n'avez pas besoin d'argent, ce qui est quand même bien rare de nos jours. Ne restez pas à la maison et ne passez pas votre temps à faire du bénévolat. Un travail vous forcera à sortir de la maison, fera de vous quelqu'un de plus intéressant et vous permettra de rencontrer des gens. Un travail à l'extérieur, ça aide à passer à travers les moments difficiles. Quand je croyais que mon univers personnel était en train de s'effondrer, j'étais obligée de me lever et de me rendre au bureau. J'y rencontrais des gens qui m'aimaient bien, et même si je ne leur racontais pas mes problèmes (une excellente politique d'ailleurs!) je pouvais manger, parler et travailler avec des êtres humains qui m'estimaient. J'ai eu plus d'un emploi. C'est ce qui m'a sauvée moralement, m'a permis de manger, de devenir compétente et, surtout, de me sentir sûre de moi et d'acquérir de l'expérience. Oui, votre travail vous valorisera aussi. Et rien ne se compare à la satisfaction d'un travail bien fait. Les hommes le savent et en profitent depuis des années!

Mais j'ai toujours été une femme de maison!
Qui donc m'embaucherait?

Si vous n'avez jamais travaillé à l'extérieur, tentez de découvrir quels talents, parmi ceux que vous possédez déjà, s'appliqueraient à un travail à plein temps. Lisez et renseignez-vous. Entrez en contact avec les organismes gouvernementaux et para-gouvernementaux qui facilitent aux femmes au foyer leur entrée sur le marché du travail. Dans les grandes villes, on peut généralement, et à peu de frais, consulter des orienteurs. Vous allez devoir apprendre à rédiger un curriculum vitae. Vous trouverez des volumes traitant de ce sujet. Demandez à votre libraire ou à votre bibliothécaire de vous les procurer. Votre premier travail ne sera peut-être pas l'emploi idéal, celui dont vous rêviez, mais il peut être un premier pas qui vous permettra de bâtir votre carrière. J'ai eu beaucoup de difficulté à trouver mon premier travail après avoir été hors circuit pendant dix-neuf ans, mais une femme patron m'a finalement donné ma chance et elle m'a embauchée. Après un premier emploi, les autres, s'il y a lieu, sont toujours plus faciles à obtenir parce que vous pouvez parler d'expérience dans votre curriculum vitae. Essayez de trouver un premier travail qui vous préparera à autre chose, et si vous planifiez bien, vous déclencherez peut-être une réaction en chaîne qui vous mènera à une carrière.

Votre but c'est de gagner assez d'argent pour vivre comme vous l'entendez jusqu'au moment où vous rencontrerez l'homme de votre vie, et par la suite aussi. N'hésitez jamais à prendre un travail de secrétaire: on reconnaît plus rapidement le talent de nos jours dans le monde des affaires. L'important c'est d'entrer quelque part. Cherchez aussi du côté de la fonction publique, il faut réussir des examens pour être embauché et si vous vous classez, vos chances sont bonnes. Avez-vous songé aux sphères non traditionnelles: l'électricité, la construction, la mécanique, l'électronique. Plusieurs compagnies offrent des programmes de formation aux femmes intéressées à se tailler une place dans ces métiers auparavant réservés aux hommes. Plusieurs entreprises d'envergure ont comme politique de faciliter d'abord l'avancement de leurs employés. L'important c'est de se faire embaucher. Acceptez un poste qui vous permet d'entrer quelque part, et vous serez peut-être au bon endroit au bon moment.

Si vous avez peu d'instruction et peu de formation professionnelle, vous allez peut-être vouloir retourner aux études. N'ayez surtout pas peur de vous y mettre à temps partiel. Vous trouverez bien le temps! Essayez d'abord de trouver du travail, soyez attentive aux commentaires d'employeurs éventuels. Si vous découvrez que votre formation professionnelle est insuffisante, vous pourrez alors vous inscrire à quelques cours qui vous seront utiles sur le marché du travail. N'étudiez pas la philosophie existentielle quand vous avez besoin d'apprendre un métier. Les cours «ésotériques» viendront plus tard, quand vous aurez du travail, à moins qu'ils ne soient indispensables pour obtenir votre diplôme. Renseignez-vous avant d'entreprendre des études. Évitez de poursuivre un cours et de découvrir à la fin qu'il n'y a pas d'ouvertures dans ce domaine.

Des études récentes prédisent qu'en 1990 il y aura des postes disponibles dans le domaine de l'informatique ainsi que dans les professions traditionnelles comme le droit, la médecine, l'optométrie et la dentisterie. Le taux des naissances ayant baissé, les professeurs seront moins en demande sur tous les plans. On prévoit de grands besoins dans les métiers dits de services: hôtellerie, restauration, entretien. Ces métiers ne sont malheureusement pas très rémunérateurs. Les domaines reliés à la santé continueront à avoir besoin de personnel, c'est là où les ouvertures seront les plus nombreuses.

Songez aussi à travailler à votre compte. Vous avez peut-être des talents ou des intérêts que vous pourriez mettre à profit. Beaucoup de femmes choisissent cette voie et réussissent fort bien.

J'ai, pour ma part, échoué dans une entreprise et je voudrais vous donner des conseils qui vous permettront d'éviter certaines erreurs. Mon partenaire et moi avions ouvert un bureau de consultation traditionnelle: problèmes familiaux, maritaux et consultations individuelles. Nous offrions aussi des cours et des consultations de groupes: obésité, problèmes d'alcool, etc. Première erreur, nous avons ouvert nos bureaux dans des locaux trop dispendieux. Il est plus facile de prendre de l'expansion quand on sait commencer plus modestement. Tous nos coûts étaient trop élevés: la publicité, le trop beau papier, les brochures, le service d'appel. Tout. Nos employés étaient trop bien payés. Les clients ne nous venaient pas assez vite et nous nous sommes retrouvés bien penauds. De plus, nous avions tous deux un second emploi et n'étions pas en mesure de nous occuper vraiment de notre entreprise. Que notre échec vous serve de leçon! Ne suivez surtout pas notre exemple! Partez en affaires modestement, avec assez de capital pour tenir le coup, consacrez beaucoup de temps et d'énergie à votre entreprise et que vos coûts d'opération soient aussi bas que possible.

Il y a des avantages à travailler à son compte et chez soi. Vous serez disponible pour vos enfants, vos coûts d'opération seront moins élevés que si vous aviez un bureau à l'extérieur et vous pourrez déduire de vos impôts une partie des dépenses de la maison. Un inconvénient cependant: vous vous isolerez peut-être davantage du reste du monde et vous ne rencontrerez pas facilement des gens nouveaux. N'hésitez surtout pas à sortir de chez vous et à offrir vos services et vos produits. Ne l'oubliez pas, votre travail devrait vous aider à rencontrer des hommes! Nous en reparlerons au chapitre trois, je vous donnerai des conseils précis pour vous permettre d'utiliser votre travail pour faire des rencontres. Disons, pour l'instant, que c'est plus difficile d'élargir son cercle de connaissances quand on fait un travail qui nous isole, et élargir son cercle de connaissances est essentiel pour une femme célibataire.

Il faut bien réfléchir, penser à tout. Réussir à trouver une garderie pour vos jeunes enfants si vous travaillez à l'extérieur. C'est parfois difficile. Ne vous découragez pas, renseignez-vous. Vous allez peut-être devoir faire preuve d'imagination pour trouver une solution. Je connais une femme qui en est venue à une entente avec sa mère. Elle a fait de celle-ci sa partenaire et s'est engagée à lui payer une partie de ses revenus pour qu'elle s'occupe de ses enfants. À mesure que sa carrière prenait de l'élan, elle était en mesure de mieux payer sa mère. Les deux femmes étaient très heureuses, gagnaient toutes deux de l'argent, la grand-mère était contente de s'occuper de ses petits-enfants et la mère pouvait poursuivre sa carrière, rassurée de savoir ses enfants entre bonnes mains et surtout aimés.

Si vos enfants sont plus vieux, ils peuvent vous aider beaucoup, se partager les besognes, s'occuper des plus jeunes. Mes filles ont été extraordinaires.

Et voilà ce que j'avais à dire au sujet de votre apparence, de l'argent, du travail et de votre style de vie personnelle. Nous voici prêtes à partir, prêtes à vraiment rencontrer des hommes.

CHAPITRE TROIS

Comment rencontrer des hommes: la grande aventure

Maintenant que vous avez réévalué vos possibilités et votre identité, et commencé à refaire votre vie et votre image, vous allez continuer. Et la grande question qui se pose c'est peut-être: «Comment vais-je rencontrer des hommes?» Même si nous n'ignorons pas qu'il y a plus de femmes que d'hommes sur le marché, nous savons aussi que chaque jour des femmes rencontrent des hommes et les épousent.

Puisque la plupart des femmes mènent aujourd'hui des vies très actives et n'ont que peu de temps et d'énergie à dépenser inutilement, il est très important que vous appreniez à reconnaître les hommes disponibles dans toutes vos situations quotidiennes. Ne dépensez pas vos précieuses énergies à chercher des hommes «aux mauvais endroits». Déjà en 1939, Dorothy Dix, courriériste au *New Orleans Picayune* suggérait: «Les pêcheuses d'hommes... devraient savoir choisir les rivières où elles pêchent.» Vous ne pouvez pas vous attendre à trouver votre homme là où votre type d'homme ne se tient pas. Si, par exemple, vous cherchez quelqu'un qui ne boit pas, vous ne devriez pas fréquenter les bars. Si vous détestez la politique, n'allez pas faire du bénévolat lors d'une campagne électorale en espérant rencontrer des hommes; vous n'y rencontrerez que des individus que la politique fascine. Puisque la plupart des femmes d'âge mûr n'ont pas vraiment beaucoup de temps à perdre dans des relations à long terme qui ne mènent nulle part, faites votre choix avant d'entrer en relation avec quelqu'un. Ce n'est pas parce que votre solitude vous pèse parfois que vous allez vous laissez tenter et investir trop de votre temps dans une relation avec un homme dont vous savez bien qu'il n'est pas pour vous. Quelqu'un dont la présence n'améliore pas la qualité de votre vie vous prendra du temps, des énergies et des ressources émotionnelles dont vous avez besoin.

Vous pourrez peut-être apprendre à regarder différemment les hommes qui sont déjà dans votre entourage. Il y a ce mythe de l'étranger qu'on rencontre dans la foule et de cette chimie instantanée qui nous renverse soudain; je sais! Contrairement au mythe, la plupart des relations humaines se développent avec le temps. C'est peut-être cet homme que vous voyez tous les jours et que vous ne regardez pas qui saurait être un partenaire fascinant, si seulement vous preniez le temps de le connaître plutôt que de le traiter comme quelqu'un qui fait partie des meubles! Quand vous commencerez à considérer comme un objet d'amour possible chaque homme célibataire que vous connaissez, vous verrez bien comme rien n'est impossible. (Assurez-vous qu'il soit libre; c'est moins intéressant s'il a une très jeune petite amie qui vient le visiter une fois par mois. C'est arrivé à une de mes amies!)

Mais comment vais-je entrer en compétition?
Il y a tant de femmes seules qui ont faim d'amour!
Plusieurs d'entre elles sont superbes et agressives,
et je ne le suis pas.
Oui, il y a beaucoup de femmes jeunes, belles, intelligentes, en compétition pour les mêmes hommes, c'est vrai. Mais croyez-vous vraiment qu'il n'y ait pas un seul homme pour vous dans tout l'univers? Ce serait ridicule! Donc, ce que vous voulez, ce que vous devez promouvoir, c'est vous, le fait que vous êtes unique. Si vous êtes

vraiment vous-même, à l'aise dans votre peau, si vous projetez l'image d'aimer les hommes et de vous aimer vous-même, et si vous avez une attitude ouverte, les gens réagiront à votre endroit et vous vous attirerez les attentions d'hommes intéressants. Mais vous n'êtes pas vraiment en compétition; vous êtes unique! Et comme vous le diront tous les spécialistes de l'immobilier, vous n'avez besoin que d'un acheteur intéressé!

N'oubliez surtout pas que, malgré la propagande des média, peu de gens sont parfaits de corps et de visage. Bien peu! D'ailleurs, après les premières minutes, les hommes s'attardent aux visages souriants qui ont du caractère plutôt qu'aux visages parfaits et insipides..., aux voix douces et chaudes et à la gentillesse plutôt qu'aux gros seins.

Quand vous me dites de ne pas perdre mon temps avec des hommes qui ne sont pas pour moi, voulez-vous dire que chaque homme avec lequel je passe du temps doit être un mari potentiel?

Non. Mais beaucoup de femmes commettent l'erreur d'éliminer à priori des groupes entiers d'hommes. Elles diront, par exemple: «Je ne sortirai jamais avec un homme plus jeune que moi, ou avec un homme chauve, un juif, un catholique, un étranger, un homme trop court, trop gros, ou trop grand.» Et vous, quel est votre préjugé préféré?

C'est une attitude autodestructrice et, disons-le, un peu déplorable. Voyons, une femme célibataire a besoin de beaucoup d'hommes différents dans sa vie et pas seulement pour l'amour. Je faisais des blagues à l'époque et je disais que je souhaitais avoir cinq amis de cœur, un qui réparerait ma voiture, un médecin, un dentiste, un *sugar daddy,* et enfin un qui saurait réparer mes appareils ménagers! Hélas, je n'ai jamais atteint mon but, mais permettez-moi de vous parler d'hommes que j'ai connus et qui m'ont aidée à faire de ma vie de célibataire un passage intéressant et bien amusant.

76

Le pont: C'est l'homme qui vous aide à survivre entre deux relations amoureuses sérieuses. Vous savez tous deux que ce n'est pas la grande passion, mais vous vous affectionnez assez pour aller manger ensemble à l'occasion, ou faire des promenades par un beau dimanche après-midi, et peut-être même vous retrouver au lit de temps à autre. C'est bien et c'est agréable; le téléphone sonne et c'est quelqu'un qui a envie de passer du temps en votre compagnie même quand chacun sait très bien qu'il n'est pas l'homme de votre vie.

Parce qu'il n'y a pas de tension entre vous deux, c'est très facile de parler à ce type d'homme. Et puis, auprès de lui vous pourrez tester certains de vos charmes féminins et apprendre beaucoup sur vous-même et sur les hommes. Une fois sérieusement amoureuse de quelqu'un d'autre, vous pourrez tout simplement lui dire: «Il y a quelqu'un dans ma vie en ce moment.» Et si vos amours tombent, vous pourrez le rappeler et reprendre où vous en étiez. Si vous ne vous attendez pas à ce qu'il change et devienne autre chose dans votre vie, ce genre de relation peut alors vous être bien précieuse.

L'homme plus jeune: J'ai été vraiment très surprise de me découvrir, moi la femme respectable et bien installée dans ma quarantaine, devenir soudain l'objet d'attentions empressées de la part de très jeunes hommes. Au début, j'étais amusée et portée à les traiter avec un certain humour et à les repousser gentiment en disant: «Je ne sais pas vraiment si je devrais t'adopter ou sortir avec toi.» Mes filles m'ont reproché mon attitude et m'ont fait comprendre que ce genre de remarque était peut-être blessant pour l'orgueil d'un homme. Je les ai écoutées et j'ai décidé d'être plus ouverte. Je ne l'ai pas regretté. Peu après, je vivais une liaison exquise avec un homme qui avait plus de vingt ans de moins que moi.

Bien des gens croient que la plupart des femmes qui ont plus de quarante ans entretiennent des liaisons avec de très jeunes hommes pour le sexe, et que les très jeunes hommes ont des liaisons avec des femmes plus âgées pour l'argent. Ce n'était pas mon cas et je ne suis sûrement pas la seule. Je venais de vivre une liaison sexuellement satisfaisante avec un homme dans la soixantaine et j'avais très peu d'argent. Cette relation avec un très jeune homme a été pour moi une merveilleuse expérience d'apprentissage et c'est moi qui refusais constamment de l'épouser. Imaginez combien je me sentais bien en tant que femme après cette liaison qui s'est d'ailleurs terminée pour des raisons qui n'avaient rien à voir avec l'âge. Cet homme aimant, intelligent, qui avait plus de maturité que beaucoup d'hommes plus vieux que lui, m'a beaucoup appris sur la vie et l'amour et il m'a aidée à m'ouvrir à toutes sortes de possibilités. Surtout, j'étais devenue moins rigide et je ne me permettais plus de juger; qui étais-je pour oser me permettre de juger du «convenable» du partenaire de qui que ce soit?

Et si je n'avais pas vécu cette liaison tôt dans ma vie de célibataire, j'aurais peut-être été victime d'un certain manque d'assurance et d'estime de soi que ressentent beaucoup de femmes quand elles ont à faire face à la compétition de femmes plus jeunes. (C'est aussi pour ça que je tiens à vous rassurer; vous êtes une femme désirable, quel que soit votre âge.) J'habite le sud de la Floride et c'est une région où il est très facile pour une femme qui n'est plus jeune de ressentir ce genre d'insécurité. Il est une sorte d'homme qu'on trouve trop souvent dans nos parages. Vous le verrez souvent dans les clubs chics, il s'assoit généralement au bar et attend que les femmes se jettent sur lui. Il est habituellement d'âge moyen, à l'aise, en forme, jouit d'un certain succès, et il est très gâté par des femmes jeunes qui se cherchent un riche protecteur. Parlant des femmes de mon âge il dira: «les vieilles valises», quand il est sûr d'être, lui, «un homme du monde qui a de la maturité». Charmant personnage! Me sachant désirée par des hommes plus jeunes, je n'avais pas du tout honte de mon corps ni de mon apparence et j'avais assez d'assurance pour ne pas me laisser insécuriser par cette sorte de jugement.

L'homme plus vieux: Au travail j'ai rencontré un homme qui était mon aîné de vingt ans et nous avons vécu une très belle amitié jusqu'à son décès il y a trois ans. Avec lui, je me sentais comme une petite fille, et il était content et fier d'être vu en ma compagnie au restaurant ou dans des réunions d'affaires. Il m'appelait «chérie» et disait à tout le monde en riant que j'étais son «patron», et techniquement, je l'étais, même s'il était dix fois plus riche que moi et bien plus intelligent aussi. Nous mangions souvent ensemble et il nous arrivait de parler bien longtemps au téléphone. Il me disait toujours que s'il avait eu vingt ans de moins, il m'aurait poursuivie avec ardeur. C'était bon à entendre quand mes amours allaient mal ou que j'avais mal à l'orgueil. C'était une affection non sexuelle, ce qui est rare entre les hommes et les femmes, et important de connaître. Je ne lui ai jamais rien demandé, je n'ai jamais profité de son amitié ou de sa richesse; c'était tellement plus important qu'il soit mon ami. Il a eu beaucoup d'influence sur moi pendant cette période d'expérimentation, d'apprentissage et de célibat.

Le mentor: Certains auteurs ont beaucoup écrit au sujet de l'importance d'un mentor. Cet homme peut vous apprendre tout ce que vous devez savoir pour mieux vous débrouiller à votre travail et même vous pistonner, faciliter votre avancement dans votre milieu de travail. C'est bien précieux pour une femme qui réintègre le milieu du travail et qui n'a pas vraiment de cercle établi dans le monde des affaires. Des relents sexuels sous-tendent parfois ce genre de relation, mais c'est plus sage de ne rien consommer, surtout si votre mentor est marié. C'est habituellement la femme qui doit se montrer plus sage dans ces cas-là... Disons-le, ce genre de relation risque de devenir tout simplement affaire de couchette et vous risqueriez de perdre un allié précieux une fois les enthousiasmes calmés de part et d'autre. (Il y a de rares exceptions, vous pourriez peut-être épouser votre mentor; vous y perdriez peut-être votre poste!) Rappelez-vous ce vieux proverbe qui dit: «Ne dormez jamais où vous mangez.»

L'ancien ami de cœur: Celui-là vous aimait quand vous aviez dix-huit ans et vous prenez de ses nouvelles quand vous retournez dans votre patelin. Vous mangez ensemble et vous avez de bien jolis souvenirs, il vous en apprend sur qui vous étiez alors et comment vous êtes devenue celle que vous êtes. Vous riez beaucoup, vous parlez des frustrations sexuelles que vous avez tous deux subies et endurées, vous parlez des cheminements de vos vies. Vous comprenez mieux pourquoi certains types d'hommes continuent à vous intéresser et pourquoi vous n'êtes jamais devenus un couple. Et c'est bien; il ne vous a jamais oubliée, et vous non plus. Ce genre de retrouvailles est parfois sexuel, mais seulement s'il est célibataire.

L'ancien amant: Je suis restée amie avec quelques-uns de mes anciens amants dont certains sont remariés. Il y a des femmes que ce genre d'amitié gêne; elle peut être précieuse à la condition d'accepter tous deux les limites de la relation. Et puis, vous vous connaissez intimement, vous pouvez parler de vos problèmes, de vos espoirs, de vos rêves, rire ensemble et peut-être même, comme ça, un petit flirt anodin. Et s'il vous présentait des hommes! Mes filles ont un véritable talent pour ce genre de chose. Elles profitent de la compagnie de plusieurs de leurs anciens amis et les comptent, eux et leurs femmes, parmi leurs amis.

Vous me comprenez! Une femme a besoin de toutes sortes d'hommes dans son cercle. C'est important de considérer les hommes comme des amis, pas seulement comme des amants ou des partenaires potentiels. À mesure que votre cercle s'élargit, vous rencontrerez de plus en plus d'hommes. Et si l'un d'entre eux était le bon!

J'ai rencontré un homme extraordinaire qui a l'air de
s'intéresser à moi, mais malheureusement il est marié.
Il dit songer au divorce. Devrais-je céder, être
imprudente et sortir avec lui?

Vous serez sans doute bien tentée de le faire, surtout s'il
n'y a pas d'autre homme dans votre vie, parce que vous
aurez peut-être l'impression de trouver en lui un allié et
un protecteur tout en vous sentant libre d'explorer des
relations nouvelles avec des hommes plus disponibles. Je
connais trois femmes qui ont rencontré leurs maris au
moment où l'un ou l'autre était encore marié à quelqu'un
d'autre, mais malgré leur succès à survivre la période du
divorce et à épouser ces hommes, je ne peux vous conseiller de sortir avec un homme marié. C'est trop risqué de se
faire mal ou de se faire utiliser. Vous tomberez peut-être
en amour avec lui malgré vous et peut-être allez-vous
vouloir même l'épouser. Vous perdrez alors des années
précieuses à attendre un divorce qui ne viendra jamais,
ou si le divorce vient, l'élu de votre cœur voudra peut-être
être «libre» d'explorer ses choix «pendant un certain
temps». Vous risquez d'être déçue ou reléguée aux
oubliettes. De plus, c'est difficile de s'attacher vraiment à
un nouvel amour quand il y a déjà un autre homme dans
votre vie, et s'il est marié, c'est vous qui risquez gros. Lui,
ne risque rien.

Et pourquoi n'avez-vous jamais atteint ce «but»
que vous vous étiez fixé d'avoir cinq amis de cœur?

Parce que je me suis rendu compte qu'il n'était pas possible d'avoir une relation intime et signifiante avec plus
d'un homme à la fois. Je m'imaginais que ma vie de célibataire ressemblerait à ce qu'elle était quand j'étais adolescente et que je sortais régulièrement avec quatre ou
cinq hommes. J'avais un peu oublié que, dans les années
quarante, sortir n'impliquait pas le sexe. D'ailleurs les
hommes ne s'y attendaient pas. Les mœurs ont changé,
bien sûr. De nos jours, comme depuis toujours, quand un
homme vous aime beaucoup il ne tient pas particulière-

ment à ce que vous couchiez avec d'autres hommes. De plus, il n'y a pas vraiment moyen de cacher le fait que vous sortez avec d'autres, et c'est mettre en péril ces appels spontanés et charmants quand il vous demande: «Qu'est-ce que tu fais de bon? Veux-tu venir prendre un café, une pizza ou un verre?» Et que vous devez répondre: «Désolée, mais je suis occupée.» Si vous arrivez à le faire, allez-y. Pour ma part, je n'ai jamais pu. La jalousie et tout ce qu'on s'empêche de dire ou de ressentir, tout ça finissait par gâcher et dénaturer la confiance et l'honnêteté. Vous connaissez beaucoup de relations valables où la confiance et l'honnêteté ne sont pas essentielles?

Et les hommes, que disent-ils quand ils parlent de rencontrer des femmes?

La plupart des ex-célibataires me disent que c'est tout aussi difficile pour les hommes de rencontrer des femmes. Un d'entre eux s'était même fait offrir par un ami une liste de femmes à qui téléphoner à l'époque de son divorce et, au moment de son remariage, cinq ans plus tard, il n'avait encore téléphoné à personne. Il a même épousé son ex-femme.

Les hommes me disent que nous, les femmes, avons tendance à croire qu'un homme n'a qu'à demander et que les femmes se jettent dans ses bras. Pourtant, beaucoup d'hommes sont timides et manquent d'assurance, et c'est parfois éprouvant pour eux d'inviter une femme à sortir. L'un d'entre eux m'a même dit: «Un homme n'aime pas se faire fusiller.»

On a même écrit des livres à l'usage des hommes pour leur apprendre à rencontrer des femmes. Eric Weber, l'auteur de *How to Pick up Girls!* est d'avis que toute femme peut être seule et n'attend que les avances d'un homme. Dans une enquête qu'ils ont menée pour le compte de la revue *Singles,* Jacqueline Simenauer et David Carrol rapporte que les trois quarts des femmes qu'ils ont questionnées accepteraient de se laisser «aborder» par un homme. Cependant, plusieurs exprimaient des doutes et disaient qu'elles n'accepteraient pas vraiment à moins qu'un homme réponde à «toutes leurs exigences». La plupart des hommes savent très bien que les femmes les jaugent ainsi et ils hésitent à suivre les conseils d'Eric Weber. Ils font rarement les premiers pas quand ils voient des femmes qu'ils ne connaissent pas dans les musées, les gymnases ou autres endroits du genre. Les hommes à qui j'en ai parlé me disaient qu'ils s'essayaient bien rarement à entrer en contact avec des femmes. C'était plus habituel pour eux de rencontrer une femme dans leur milieu de travail, par le biais d'amis ou dans des soirées. Puisque nous sommes les femmes que les hommes rencontrent, ces méthodes-là devraient nous servir aussi.

Mes experts mâles ont beaucoup insisté sur un point: les femmes devraient avoir l'air «abordables». Ils vous encouragent à vous montrer amicales envers les hommes que vous rencontrez au travail ou dans des moments de détente. Même si ces hommes ne sont pas disponibles, ils vous en présenteront peut-être qui le sont. À tout le moins, vous aurez élargi votre cercle social.

Et comment avez-vous rencontré votre mari?

Grâce à «ma fille, l'avocate»! Elle avait décidé que j'avais besoin de me montrer et elle m'a invitée à l'accompagner à un déjeuner de faculté à l'université. C'est là que j'ai rencontré Léonard qui m'a tout de suite impressionnée, même si nous ne nous sommes pas parlé longtemps. C'est son ami Alan, un associé de ma fille, qui l'avait invité à déjeuner. C'est au moment des présentations que j'ai pu parler à Léonard.

Après ce déjeuner, j'ai demandé à ma fille de se renseigner, je voulais savoir si Léonard était célibataire. Il l'était. Plus tard, Alan lui a dit qu'il plaisait à la mère d'Aimée et que la mère d'Aimée aimerait le connaître davantage. Il m'a téléphoné deux semaines plus tard (je ne vous ai jamais dit qu'il était impulsif). Dès notre première sortie nous étions déjà très à l'aise, heureux ensemble. Il avait cinquante-deux ans et ne s'était jamais marié; je suppose qu'il était tout à fait prêt à rencontrer quelqu'un d'aussi bien que moi! Nous nous sommes mariés neuf mois plus tard. Ma petite histoire devrait rassurer toutes celles d'entre vous qui sont mères. Vous voyez quelles joies nous réservent parfois nos enfants!

Tout ça est très intéressant, mais quelle est vraiment la meilleure façon de rencontrer des hommes?

Le meilleur moyen de rencontrer des hommes — c'est d'ailleurs ainsi que la plupart des femmes rencontrent leur mari —, c'est s'en faire présenter par les amis ou les connaissances, ou de les rencontrer dans son milieu de travail. Bien sûr, beaucoup de femmes trouvent un mari autrement: les clubs de célibataires, les agences matrimoniales, les voyages, les musées, les cours et les sports. En vérité, ces méthodes fonctionnent rarement. Comme je vous le disais au chapitre premier, c'est très bien de participer à ces activités et d'y prendre plaisir, mais ne vous attendez surtout pas à dénicher l'homme de votre vie, vous risquez d'être très déçue.

Parlons maintenant de vos amis et des hommes qu'ils vont vous présenter. Vous allez peut-être devoir rappeler à vos amis de temps à autre que vous êtes intéressée à rencontrer les hommes qu'ils pourraient vous présenter. Si vous n'insistez pas au moins un peu, ils auront peut-être tendance à ne pas y penser. Ce n'est pas qu'ils soient indifférents; ils mènent probablement une vie très active et tiennent pour acquis que c'est aussi votre cas.

Vous devriez rappeler à vos amis que c'est vous qu'ils «arrangent», pas le monsieur, et qu'ils devraient penser à vos besoins quand ils vous présentent quelqu'un. Vous rencontrerez peut-être un des hommes qui ne vous conviennent pas du tout, mais qu'avez-vous vraiment à perdre si vous passez une soirée avec quelqu'un dont le pire défaut c'est de ne pas vous inspirer? Et si vos amis l'estiment au point d'avoir décidé de vous le présenter, il n'est peut-être pas si mal. Allons, soyez positive quand vos amis décident de vous présenter quelqu'un!

Un vétéran de ce genre de rencontres me disait être d'accord avec moi quand je lui demandais quelles étaient ses réactions. Il ne s'attendait pas au coup de foudre chaque fois. Il était fort content de manger en agréable compagnie parce qu'il détestait manger seul, et malgré quelques expériences décevantes, il préférait ce moyen de rencontre à tous les autres.

Je dois vous dire cependant que, si un couple de vos amis «entremetteurs» décide de vous inviter à dîner chez lui, vous risquez de vous sentir bien mal à l'aise si vous avez l'impression d'être, vous et l'homme qu'il vous présente, le plat principal. Je suppliais à répétition une amie que j'adore d'inviter d'autres gens pour détourner au moins un peu l'attention des deux victimes; elle ne le faisait jamais. Elle s'installait plutôt bien en face de nous, fière comme une mère poule dont le poussin vient d'éclore. Je détestais et j'étais si mal à l'aise. Nous savions tous deux, le monsieur et moi, que nous n'étions là que pour nous rencontrer. J'osais à peine le regarder ouvertement, je ne tenais pas à ce qu'il se sente jaugé; je me rinçais un peu l'œil quand j'avais l'impression que lui regardait ailleurs. Quand l'homme que je rencontrais avait le tact et l'intuition d'aller au-delà de ma timidité et de l'inconfort de la situation, et si nous nous plaisions, c'était une excellente base pour établir une relation. Quand des amis vous présentent, vous savez à qui vous avez affaire et vous risquez moins de tomber sur un dangereux personnage.

Une de mes longues relations a justement commencé de cette façon. J'étais allée à une soirée du Nouvel An chez une amie mariée. Vous savez, une de ces créatures angéliques qui pensent toujours à inviter ses amis célibataires quand elles donnent une soirée. Un de ses invités lui racontait qu'il arrivait d'une soirée donnée par un de leurs amis qui, justement, était célibataire. Mon amie n'avait jamais songé à nous présenter; elle s'empressa de nous inviter tous deux à dîner. Et voilà, j'avais rencontré un homme charmant!

Un autre excellent moyen de rencontrer des hommes c'est de les connaître dans votre milieu de travail, surtout si vous occupez un poste qui vous met quotidiennement en contact avec beaucoup d'hommes. La situation est idéale: le milieu de travail permet d'apprendre à connaître un homme avant d'en devenir amoureuse. Apprenez à voir les hommes autour de vous dans votre milieu de travail. Regardez-les d'un nouvel œil. Vous découvrirez peut être que cet homme que vous pensez marié est aussi seul que vous. Si vous vous intéressez à un homme dans votre milieu de travail, parlez-lui de temps à autre. Soyez subtile, faites-lui comprendre qu'il vous intéresse et espérez qu'il prenne l'initiative et vous invite à sortir. Sinon, vous pouvez toujours l'inviter, lui. Il vous verra alors dans un cadre différent, pas seulement en tant que collègue. Vous pourriez, par exemple, lui demander de vous accompagner à une soirée.

Une ex-divorcée de ma connaissance a rencontré son futur mari au moment où elle l'embauchait; il a travaillé pour elle longtemps et ils sont devenus amis, jusqu'au jour où ils ont assisté tous deux à une conférence dans un autre État. Cette fin de semaine-là, ils se sont découverts et ils sont devenus amoureux l'un de l'autre. Ils vivent un mariage heureux depuis maintenant plus de treize ans.

Il m'est arrivé de travailler dans un milieu où j'étais sûre de ne pas rencontrer de «bons partis». J'étais directrice d'une agence de formation subventionnée qui enseignait l'anglais aux immigrants haïtiens et hispaniques indigents. La clientèle était pauvre et non instruite, et mes collègues surtout très jeunes ou mariés. Je gagnais un très bon salaire et je ne pouvais pas me permettre de changer de travail seulement pour rencontrer des hommes. Heureusement j'avais des amis et des contacts en dehors de mon milieu de travail.

Si vous pouvez vous permettre de changer d'emploi, essayer de travailler dans un cadre où vous rencontrerez beaucoup de gens, pas seulement des célibataires, des gens qui élargiront votre cercle social. Vous pourriez être réceptionniste, serveuse, hôtesse dans un restaurant, vendeuse à la boutique de cadeaux d'un grand hôtel, donner des cours à l'éducation permanente, travailler en milieu hospitalier ou dans les professions traditionnelles. Et les femmes que vous rencontrerez ont peut-être un frère ou un cousin célibataire, et les hommes mariés vous présenteront peut-être quelqu'un même si eux ne sont pas disponibles.

Qu'on me permette une mise en garde au sujet de ces liaisons dites de bureau. On les juge peut-être de façon moins sévère que par le passé; je vous conseille cependant la discrétion la plus absolue. Et n'oubliez pas qu'au moment où elles cassent et que plus rien ne va, c'est encore souvent à la personne qui est au bas de l'échelle qu'on demande de quitter son poste. Hélas, trop souvent c'est la femme qui est au bas de l'échelle. Vous pouvez devenir amoureuse d'un collègue de travail, mais ne vous affichez surtout pas! Soyez discrète, pas de gentilles caresses ni de regards brûlants au bureau! Une attitude professionnelle au travail, c'est quand même essentiel! Tenez-vous vraiment à donner des raisons valables à la direction de vous réprimander ou qu'on vous reproche vos distractions au travail?

Vous ne l'ignorez pas, la situation est encore plus délicate quand une secrétaire et son patron se permettent une aventure. La première fois que j'ai travaillé dans un bureau, il y a très longtemps, il y avait une secrétaire et son patron qui se flirtaient d'un bureau à l'autre. J'ai quitté ce travail et n'ai jamais su comment cette aventure passionnée s'était terminée, mais je crois bien que la secrétaire a probablement dû quitter son poste puisque son patron était bel et bien marié. Je peux vous dire cependant que les autres employés ne se sentaient pas très à l'aise face à cette situation. Les autres femmes, surtout, avaient l'impression de s'imposer dans la vie privée du patron et de sa secrétaire, et estimaient, de toute manière, que cette femme ne savait tout simplement pas se tenir. Oui, je connais plusieurs femmes qui ont épousé leur patron; ce genre de relation peut réussir, à la condition de savoir être discrète et d'user d'intelligence.

Les dîners d'affaires, les conférences et les congrès sont propices aux rencontres. Même si plusieurs des participants sont mariés, il s'y trouve toujours au moins quelques divorcés et quelques célibataires. Ouvrez un peu les yeux! Vous y rencontrerez des gens dont vous ne feriez probablement pas la connaissance autrement. Insistez pour participer aux ateliers de travail, aux congrès et aux conférences, et n'oubliez pas que «qui reste en place ne rencontre pas d'hommes!»

Et les bars? On entend tant d'histoires d'horreur, surtout de la part de femmes plus âgées!

Pourquoi pas? Nous avons toutes de ces moments où il n'y a personne dans notre vie, où nous nous sentons seules et isolées. Des moments où nous avons tout simplement besoin de «voir du monde». Attention! N'espérez surtout pas rencontrer dans un bar l'homme de vos rêves, vous seriez bien déçue! Si vous êtes capable de fréquenter un bar pour vous amuser tout simplement, il vous arrivera sans doute quelques petites aventures qui vous feront au moins rire.

Règle 1. Allez-y avec une amie. C'est rassurant d'être avec quelqu'un quand on décide de s'aventurer dans la jungle! Une amie pas trop collante, pas jalouse, qui ne s'offusquera pas si vous quittez plus tôt qu'elle; surtout une amie dont vous appréciez la compagnie même si vous ne rencontrez pas d'hommes. J'étais chanceuse, je pouvais sortir avec mon amie D., elle est belle, intéressante, intelligente et nous pouvions rire ensemble quand il nous arrivait des aventures amusantes ou ridicules. Elle attirait les hommes comme un aimant et nous étions rarement seules! Certaines femmes estiment qu'une femme seule est plus approchable qu'elle ne le serait si une amie l'accompagnait; je crois, moi, que c'est plus intéressant d'être deux.

Règle 2. Utilisez votre propre moyen de transport, vous éviterez des problèmes si votre amie préfère partir plus tôt ou plus tard que vous. Il arrive aussi que l'une de vous s'amuse follement et que l'autre s'ennuie ou se sente fatiguée. Si vous avez votre propre moyen de transport, vous serez plus libre tout simplement.

Règle 3. Ne donnez jamais, mais alors *jamais*, votre numéro de téléphone à un homme que vous rencontrez dans un bar. Ne l'accompagnez pas chez lui et ne le ramenez surtout pas chez vous! S'il vous paraît intéressant, expliquez-lui pourquoi vous ne pouvez lui donner votre numéro de téléphone (on ne sait jamais à qui on a affaire, etc.) et demandez-lui le sien. Si vous décidez que vous avez envie de le revoir, vous pourrez lui téléphoner. Je n'ai jamais rencontré d'homme qu'une telle attitude offusquait, plusieurs même appréciaient le piquant de la situation.

Fascinante étude des comportements humains que de pouvoir constater l'insécurité que provoque un geste aussi simple chez un homme qui avait pourtant l'air bien sûr de lui. Ils me disaient parfois d'un air dépité: «Je le sais, vous ne me téléphonerez jamais.» Je l'ai fait pourtant, une fois ou deux, mais ces hommes-là n'étaient pas intéressants à long terme. Ah! les charmes de la musique, des éclairages discrets et de quelques verres!

Règle 4. Ne buvez jamais trop d'alcool. D'abord une femme en état d'ébriété c'est très laid et pas du tout féminin. Puis vous devez songer à rentrer chez vous, conduire ou vous faire conduire. Et vous ne tenez tout de même pas à vous retrouver chez vous, chez lui ou à l'hôtel avec quelqu'un à qui vous ne diriez même pas bonjour en temps normal!

Forte de tous mes avertissements et de mes bons conseils, vous pourrez maintenant fréquenter les bars plus à l'aise. Quand je me sentais seule certains vendredis soir, c'était bon de pouvoir aller quelque part où il y avait de la musique, un bar, où je pouvais danser pendant des heures, prendre un verre, flirter, refuser ou non les avances des hommes, un peu comme quand j'étais adolescente.

Je dois vous avouer qu'il m'arrivait parfois de repartir plus déprimée et plus seule. Ça peut fort bien vous arriver aussi. Certains soirs rien n'ira plus. Vous aurez l'impression qu'il n'y personne, que les autres sont tous là en couples, et vous vous sentirez plus seule que jamais. Le savoir à l'avance vous aidera peut-être un peu. Préparez-vous en conséquence. Certains soirs vous aurez l'impression d'être prête à partir pour la gloire avec n'importe quel homme qui aurait les ongles à peu près propres et qui vous le demanderait. Ne le faites surtout pas! Patience, ne vous découragez pas. Il fera jour au petit matin; une bonne marche au soleil, un peu d'exercice vous aideront à chasser la déprime, et la vie continue.

Et que penser de ces petites annonces «personnelles» dans certains journaux? Je sais que plusieurs les utilisent, mais j'ai l'impression que seuls les désespérés ou les perdants ont recours à de pareilles tactiques.
Mais, ma chère, si vous arriviez en ville! Pendant que vous êtes dans votre petit coin à vous inquiéter des perdants, des gens fort intelligents sont en train de beaucoup s'amuser. Le *New York Magazine* publiait récemment un article de fond sur la popularité grandissante des petites annonces personnelles. Il semble que les gens qui les placent ne seraient plus seulement des «perdants ou d'étranges personnages». Plusieurs seraient des professionnels, jeunes ou d'âge moyen, qui cherchent l'amour ou le mariage. Ils disent de ceux qu'ils rencontrent qu'ils sont «comme ceux que votre mère aurait voulu vous voir ramener à la maison». Toujours selon la revue *New York,* les théoriciens établissent un lien entre la croissance du phénomène des annonces personnelles et cette coutume qui permettait aux hommes de l'Ouest américain de faire paraître une annonce pour trouver une femme parce que, comme ces cow-boys d'antan, quand

on est pris et occupé à se bâtir une carrière on n'a pas toujours le temps de partir à la recherche d'un partenaire. Et où aller quand on en a le temps? Les bars? Ailleurs? Les chances de rencontrer quelqu'un de compatible sont de toute façon bien minces. Quand on «annonce» ses besoins, on se retrouve souvent en situation de pouvoir choisir parmi beaucoup de gens. L'article parlait aussi d'une femme qui, ayant placé une petite annonce dans le *Village Voice* de New York, avait reçu des réponses de «quatre chirurgiens, dix avocats, cinq professeurs d'université, deux journalistes et un expert en politique extérieure». À tout le moins, ces annonceurs-là rencontrent du monde!

Parfois des femmes s'échangent les numéros de téléphone et les noms de leurs répondants, ou elles passent ensemble une petite annonce. Elles peuvent lire à loisir les lettres qu'on leur écrit, chez elles, en tout confort et en toute sécurité, et décider si un homme les intéresse ou pas. C'est très amusant de rédiger une petite annonce, et plus amusant encore de recevoir tout ce courrier, même si vous décidez de ne répondre à personne. Vous demeurez complètement anonyme, vos répondants écrivent habituellement à un casier postal. Croyez-le ou non, les gens se décrivent en général de façon assez juste, et si vous rencontrez quelqu'un sur un terrain neutre, dans un endroit public d'où vous pourrez partir avec une certaine élégance si vous ne vous plaisez pas, il n'y a pas vraiment de danger. *Le New York Magazine* prétend que c'est un moyen de rencontre aussi sécuritaire que les rencontres dans les soirées où il y a beaucoup de monde.

L'article fait mention de certaines expressions codes auxquelles il faut faire attention. Quelqu'un qui dira «aimer la vie simple» n'a peut-être pas le sou; quelqu'un qui se dit «sensuel» désire sans doute passer aux actes bien rapidement. Les hommes écrivent plus de lettres et placent plus de petites annonces que les femmes; une femme reçoit en général quarante réponses et un homme, quinze.

Je n'ai jamais osé profiter de cette méthode de rencontres quand j'étais célibataire: j'avais trop peur et j'étais trop idiote. Je ne voulais pas non plus vous conseiller quelque chose dont je n'aurais jamais tenté l'expérience, alors j'ai rédigé une petite annonce pour une amie célibataire dans la quarantaine et je l'ai placée dans le journal le plus important de notre région, qui a d'ailleurs une toute petite rubrique d'annonces personnelles. On me posait des restrictions; je ne pouvais demander ni photos ni biographies et il fallait mentionner deux intérêts, dans le style «aime la pêche et la voile». La petite annonce coûtait 45$ pour trois jours. Elle stipulait, entre autres choses, que mon amie était «dans la quarantaine, et aimait la danse et la conversation», mais je n'avais pas inclus de détails sur son apparence physique.

Mon amie a reçu trente-six réponses et elle a l'intention de répondre à huit d'entre elles. Parmi les hommes qui lui ont écrit figuraient des avocats, des ingénieurs, des agents de change, des hommes d'affaires, des professeurs, des travailleurs sociaux et des psychologues. Si j'étais célibataire, je me serais intéressée à quatre de ces hommes.

J'ai été vraiment très surprise de la franchise de ces hommes-là; ils ne ressentaient pas le besoin de cacher leur identité. Aucun n'était obscène ou grivois et plusieurs avaient inclus leur photo, leur curriculum vitae ou écrivaient sur leur papier à en-tête. Plusieurs exprimaient très ouvertement leur besoin de partager une vie déjà heureuse avec quelqu'un; des hommes dans la vingtaine, dans la trentaine, dans la cinquantaine et dans la soixantaine et même un étudiant au collège.

C'est un moyen de rencontre auquel je crois beaucoup maintenant et je regrette de ne pas y avoir cru quand j'étais célibataire. Ma vie aurait peut-être été encore plus excitante et remplie d'aventures. Mon amie est très occupée à répondre à ceux qui l'intéressent et je crois bien qu'elle en a pour plusieurs mois!

La plupart des experts estiment que vous devriez placer votre annonce dans le genre de publication qui s'adresse au type d'hommes qui vous intéresseraient. Peu de publications ont des rubriques d'annonces personnelles, votre journal local est probablement le meilleur endroit où vous adresser d'abord. Rédigez une annonce jolie, différente, intéressante. Notre journal local publiait récemment un article au sujet d'une femme de notre région dont les amours venaient de se briser et qui avait placé une petite annonce pour le dire et dire aussi qu'elle se sentait seule, triste et qu'elle avait besoin de compagnie. Elle avait reçu des tonnes de réponses. Essayez toujours, vous verrez bien. Qu'avez-vous à perdre!

Je me suis abonnée récemment à une revue pour célibataires publiée en Floride dont les petites annonces personnelles s'adressent uniquement aux hommes et aux femmes à la recherche d'un partenaire permanent. Il y a, bien sûr, quelques petits articles, mais presque toute la revue, dont l'abonnement coûte dix-sept dollars par année, est consacrée aux petites annonces. Dans le numéro d'avril 1984, j'ai compté 93 annonces placées par des hommes et 102 placées par des femmes. On y trouvait des médecins, des avocats et des gens d'autres professions des deux sexes. Il y a donc vraiment des hommes prêts à payer jusqu'à cinquante dollars pour une petite annonce qui leur permettra peut-être de rencontrer une femme compatible.

Êtes-vous allée voir du côté des agences matrimoniales et des agences de rencontres?

Oui. J'ai même répondu à des petites annonces. Les agences de rencontres placent souvent des petites annonces dans les quotidiens. L'une d'entre elles proposait même des «rencontres astrologiques». Quand je me suis renseignée, son directeur m'offrait un escompte de 50% puisque c'était mon mois de naissance. Il avait ses méthodes bien à lui de faire des affaires. D'abord il tenait à venir me rendre visite chez moi «pour s'assurer que j'étais sérieuse et pas mariée, et être en mesure de me recommander avec quelque autorité». Puis il prenait une photo et deux semaines plus tard les heureux candidats étaient classés selon leur signe astrologique. L'agence s'engageait à fournir un numéro de téléphone et une photo à un homme et à vous. Vous étiez libre de téléphoner ou non, l'homme aussi. Vous pouviez exclure les natifs de n'importe quel signe. Cette agence parrainait aussi des voyages, des croisières en bateau et publiait une lettre de nouvelles bi-mensuelle. Il fallait débourser 375 $ par année pour devenir membre. Je me suis méfiée, évidemment, et j'ai eu l'impression que ces gens-là étaient plus intéressés à faire de l'argent qu'à aider des gens sérieux à en rencontrer d'autres. Méfiez-vous de ce genre d'agence et renseignez-vous toujours avant de faire appel aux services d'une agence de rencontres.

Une autre agence se disait en affaires depuis onze ans. Son gérant prétendait offrir un service «sur mesure» et le client était libre de devenir membre pour une période d'un mois, trois mois ou un an. Il offrait une première entrevue gratuite. Il insistait sur le fait que plusieurs des hommes dans ses dossiers étaient très pris par leurs carrières et disposaient de peu de temps de loisirs. Ces hommes tenaient à rencontrer des femmes, mais ignoraient où aller et avaient de toute façon très peu de temps pour aller où que ce soit.

Cette agence me paraissait plus honnête, même si son gérant refusait de me dire ce qu'il en coûtait au téléphone. Certains obtiennent de bons résultats en consultant ces agences.

Une autre agence, dirigée par une psychologue, s'adressait à une clientèle exclusivement de telle ou telle ethnie. Elle s'engageait à quatre présentations et exigeait 300 $ par année. Et si vous épousiez quelqu'un qu'elle vous avait présenté, elle s'attendait à un bonus. Elle m'a même montré des photos de gens dans ses dossiers; ils avaient d'excellentes références et étaient fort présentables. Elle s'était même trouvé un nouveau mari, venu à son bureau dans le but de devenir un de ses clients.

Saviez-vous que, dans certains pays, le gouvernement estime qu'il doit assumer la responsabilité de faciliter les rencontres? Le gouvernement japonais, par exemple, avait l'habitude de parrainer des pique-niques pour les célibataires qui désiraient se marier. Les hommes et les femmes lançaient des flèches sur un disque immense sur lequel on avait imprimé des numéros et on présentait, l'un à l'autre, l'homme et la femme qui frappaient le même numéro. Puis, un jour, le gouvernement s'est retiré et a laissé la nature suivre son cours dans la loterie de l'amour.

Rien de tel ici. Nous devons faire preuve de tant d'ingéniosité pour arriver au but!

Et les autres femmes, qu'ont-elles fait pour rencontrer des hommes?

J'ai demandé à des femmes mariées comment elles avaient fait. Voici quelques réponses.

QUESTION: Qu'avez-vous fait pour rencontrer des hommes?

RÉPONSES: «Je suis allée à des rencontres de clubs de célibataires.»

«J'ai dit à tout le monde que j'étais célibataire et intéressée à rencontrer des hommes.»

«Je suis devenue membre de certaines associations et je suis allée à des réunions.» (Associations professionnelles, club de ski, etc.)

«J'ai accepté un poste là où je savais que je pourrais rencontrer beaucoup d'hommes célibataires.»

«J'ai assisté aux réunions sociales des organismes dont j'étais membre.»

«J'ai passé du temps au gymnase.»

«J'ai pris des cours à l'université.»

«Mes amis célibataires ou mariés et mes parents m'ont présenté des hommes.»

«J'ai fréquenté les bars pour célibataires.»

QUESTION: Avez-vous finalement éliminé certaines méthodes de rencontres que vous estimiez inutiles?

RÉPONSES: «Les clubs de célibataires.»

«Les bars.»

«Les danses et les soirées de célibataires.»

QUESTION: Comment avez-vous rencontré votre mari?

RÉPONSES: «Des parents nous ont présentés.»

«On nous a présentés.»

«Chez un ami mutuel, dans une soirée.»

«Son cousin nous a présentés.»

«Il enquêtait sur un vol et j'étais en visite chez la victime.»

«J'étais agent de voyage et je l'ai rencontré pendant un voyage officiel.»

«En voyage à l'étranger.»

«Nous étions collègues de travail.»

«Lors d'un rendez-vous improvisé.»

«Nos enfants étaient amis et ses enfants lui ont dit de me téléphoner.»

«Nous avons fait connaissance dans un bar pour célibataires où nous nous disputions le même tabouret.»

«Il est médecin et j'étais venue le consulter en tant que patiente.»

«J'ai épousé mon ancien mari.»

«J'étais son employée et il n'y avait pas d'affection entre nous jusqu'au jour où il m'a invitée à dîner avec lui.»

Je tiens à vous encourager fortement à faire deux choses. D'abord, sortez aussi souvent que vous en avez la chance, même si vous êtes déprimée et que sortir vous demande un effort. Sait-on jamais ce qui vous attend de l'autre côté de la rue!

Puis, apprenez à vous débarrasser de certains préjugés que vous entretenez peut-être sur qui est un bon parti. Je parlais au premier chapitre d'une pénurie d'hommes de certains groupes d'âge. Pendant trop longtemps, les femmes avaient l'impression qu'elles devaient épouser un homme plus vieux, plus grand, plus riche, quelqu'un de mieux instruit ou d'aussi bien instruit qu'elles, ou quelqu'un de leur milieu ou d'un milieu plus à l'aise. Ce n'est plus très pratique de nos jours. Une fois ces préjugés éliminés, il n'y a pas de pénurie d'hommes. Je connais, par exemple, plusieurs femmes qui supportent leur mari financièrement. Elles ne s'en plaignent pas. Elles sont riches et elles adorent leur mari; elles sont très heureuses. Je connais des femmes très riches et très seules qui n'ont ni amant ni mari parce qu'elles tiennent à ce qu'un homme soit assez riche pour les faire vivre. C'est bien triste quand on y pense! (Suivez cependant mes conseils, au chapitre six, quand je vous parlerai du «chercheur d'or».)

Songez à devenir amoureuse de quelqu'un qui sera peut-être différent de cet «idéal» que vous aviez formulé quand vous aviez seize ans, ou à celui qu'on vous présente quand vous lisez des romans d'amour. Il y a pléthore d'hommes aimants, adorables, qui seront peut-être plus jeunes que vous, ou moins instruits et qui feront peut-être un métier sans prestige. Il ne peut pas citer Shakespeare! Et après? Vous pourrez toujours vous joindre à une quelconque société de conférences; votre mari n'a pas à remplir tous vos besoins. Les femmes doivent apprendre à se sentir à l'aise quand elles aiment quelqu'un dont le statut social est moins brillant que le leur. Personne ne proteste quand ce criminaliste célèbre épouse une très jolie fille qui n'a jamais complété ses études secondaires, qu'elle travaille comme serveuse et dont la famille est l'équivalent contemporain des voleurs de chevaux d'antan! Alors pourquoi devriez-vous vous en faire? Si un homme vous aime et qu'il a de la tendresse pour vous... si vous pouvez vous parler... si vous aimez être ensemble... si vous croyez aux mêmes valeurs... si vous êtes heureux ensemble, ne vous préoccupez pas de ce qu'en pense le «monde», même pas votre famille ou vos enfants. Faites ce que vous devez faire et ce dont vous avez besoin pour être heureuse. Ne vous enfermez pas dans des concepts stéréotypés sur les hommes et la sorte d'hommes que vous devriez vous permettre de connaître. Vous risquez de passer à côté du bonheur.

Voici donc, en résumé, mes conseils pour rencontrer des hommes:

1. Sachez choisir «les rivières où vous pêchez».

2. Apprenez à regarder et à voir les hommes que vous connaissez déjà.

3. N'ayez pas peur de la concurrence. Vous êtes unique et si vous êtes vraiment vous-même, on s'intéressera à vous.

4. Non, il n'y a pas qu'un seul homme pour vous dans tout l'univers. Oubliez-moi ça!

5. Débarrassez-vous de vos préjugés; ne refusez plus à priori de vous intéresser à des groupes entiers d'hommes.

6. Non, pas d'hommes mariés; ne vous embarquez pas.

7. Ayez d'autres hommes dans votre vie, pas seulement de «grandes passions».

8. Et n'oubliez pas que c'est tout aussi difficile pour les hommes de rencontrer des femmes intéressantes.

9. Restez en contact avec vos amis, ils vous présenteront des hommes.

10. Tentez d'utiliser votre milieu de travail pour rencontrer des hommes.

11. Fréquentez les bars pour célibataires pour ce qu'ils sont, une façon de passer une soirée intéressante et de se relaxer.

12. Essayez les petites annonces personnelles. C'est amusant et ça marche!

13. Consultez les agences de rencontres si vous le désirez, mais attention aux agences dangereuses et à celles dont la réputation laisse à désirer.

14. Sortez quand on vous invite. Vous ne savez pas, c'est peut-être celui-là, «le bon»! Vous n'avez rien à perdre, à peine une soirée! On ne rencontre personne en restant seule à la maison.

15. Surtout, amusez-vous! Et ne prenez pas tout ça trop au sérieux.

Je vais maintenant vous parler de tout ce que je sais de la sexualité.

CHAPITRE QUATRE

Les relations sexuelles: ce qui vous va

É coutons un peu, sans en avoir l'air, un groupe de femmes de plus de quarante ans parler des hommes. Inévitablement, l'une d'entre elles dira: «Voyons donc, qui en a besoin, de toute façon? Les hommes, il n'y a qu'une chose qui les intéresse.» (Personne ne demandera de quoi il s'agit, elles savent toutes.) «Ils s'attendent à ce que tu couches avec eux parce qu'ils t'ont emmenée manger au restaurant.» Puis une autre ajoutera: «Mais pourquoi j'aurais besoin d'un mari, qu'est-ce que j'en ferais? Qui est intéressée à recommencer à laver des chaussettes, de toute façon!»

Que de défaitisme! Quand une femme parle ainsi, c'est qu'elle n'a probablement pas d'homme dans sa vie, ne sait pas comment en trouver un et s'est tout simplement résignée. Elle a réussi à se convaincre qu'elle est en train d'exprimer ce qu'elle ressent vraiment.

Même les femmes plus jeunes pensent souvent ainsi, mais elles diront: «Les hommes sont des c... (au choix!). Il n'y a que le sexe qui les intéresse. Si tu couches avec eux, ils te laissent tomber, et si tu refuses, ils t'accusent d'être frigide. C'est encore un monde d'hommes. Tout ce qui les intéresse c'est leurs besoins et leur petite personne. Ils semblent ignorer que je suis une personne humaine moi aussi, que j'ai des besoins affectifs, pas seulement un corps. Les hommes pensent avec leur pénis (ou l'expression qu'elles utilisent généralement pour décrire l'objet!)».

Les femmes dans la vingtaine et dans la trentaine ont généralement affaire à des hommes qui sont devenus adultes à l'intérieur de la nouvelle moralité, ce qui implique: «fais ton affaire, je fais la mienne», la liberté sexuelle, la pilule et «j'ai besoin de mon espace»

Mais les femmes dans la quarantaine et la cinquantaine, ont appris à «se garder» pour leur chevalier qui les emporterait vers le parfait bonheur sur son grand cheval blanc! Vous voici donc, pour une raison ou pour une autre, sans mari; vous recommencez à sortir et vous ne vous sentez pas très à l'aise. Vous avez peut-être eu un partenaire sexuel unique pendant très longtemps et si vous êtes allée voir ailleurs c'était probablement une fois ou deux, à la sauvette, et pas nécessairement une aventure passionnée. Vous avez peut-être mis des années de mariage à vous libérer, au moins un peu, d'attitudes négatives apprises face à la sexualité. Et maintenant que vous vous retrouvez célibataire, vous réalisez sans doute que vous pensez toujours que les hommes sont des bêtes lascives, prêtes à vous sauter dessus.

J'étais célibataire, moi aussi, il n'y a pas si longtemps, et je peux vous rassurer. Vous aurez surtout affaire à des hommes de votre âge; ils ne sont habituellement pas comme ça. Un homme de plus de quarante ans connaît au moins un peu les femmes; il a eu le temps d'en bien connaître au moins une ou deux dans sa vie. Je parle d'expérience, cet amant est, en général, tendre et attentif. Il n'est pas à la course et il sait fort bien faire la cour à une femme. Il ne l'admettrait jamais: son activité sexuelle diminue tout doucement. Une littérature spécialisée nous rappelle depuis des années que les désirs sexuels d'une femme atteignent leur sommet vers la fin de la vingtaine et le début de la trentaine, et restent constants toute sa vie; les désirs sexuels de l'homme, par contre, atteignent leur sommet vers l'âge de seize ans, puis ses capacités sexuelles diminuent graduellement et atteignent un plateau pour rester constants si l'homme continue d'être sexuellement actif.

Beaucoup d'hommes se consacrent à leur carrière au point de négliger leur vie sexuelle jusqu'au moment où ils redeviennent célibataires et recommencent à fréquenter des femmes. Ils ont parfois besoin d'être beaucoup rassurés avant même d'avoir une relation sexuelle avec quelqu'un. Même ces hommes qui insistent trop, et qui essaient de vous convaincre d'avoir des relations sexuelles dès la première sortie, finissent souvent par être impuissants quand ils se retrouvent au lit avec une femme. Ne craignez pas trop l'aspect sexuel dans votre quête d'un mari. Et si vous faites un peu attention et que vous choisissiez bien vos partenaires, la sexualité peut être un des aspects les plus intéressants et les plus satisfaisants de votre vie de célibataire.

Qu'est-ce que je dois faire en premier lieu?

Vous devez d'abord décider de votre propre philosophie personnelle, celle qui, justement, vous a permis de vivre à l'aise avec vous-même jusqu'à maintenant. Si, par exemple, vous êtes conservatrice de nature ou si vous avez des convictions religieuses profondes, vous ne serez pas à l'aise dans une relation sexuelle qui n'implique pas d'engagement. Si vos actes vont à l'encontre de vos croyances, vous risquez de devenir déprimée et de ne plus aimer les hommes ni la sexualité. Chacune d'entre nous doit trouver sa niche sexuelle. Il est bien sûr possible, avec l'expérience, de changer de point de vue ou d'attitude. Je tiens à vous dire que c'est bien si vous ne désirez pas ou si vous ne pouvez pas avoir de relations sexuelles. Nous vivons dans une société qui se veut libérée sexuellement, et c'est bien facile d'avoir l'impression de ne pas être dans le coup; n'oubliez pas que la liberté sexuelle c'est aussi avoir le droit de dire «non» ou «pas encore». Je vous ai déjà dit que si vous êtes vraiment vous-même, il se trouvera bien quelqu'un pour vous apprécier. Il en va de même pour la sexualité. Ça existe des hommes qui partagent votre système de valeurs et qui prennent la sexualité au sérieux. Ils estiment que c'est une décision importante à ne pas prendre à la légère.

Si, d'autre part, vous estimez que vous avez été sérieusement brimée dans vos désirs d'explorer votre sexualité et que vous avez besoin d'expériences et d'aventures sexuelles, c'est très bien aussi. Nous savons tous que la vie sur terre n'est pas éternelle et que nous n'y serons pas toujours. Je dis souvent que quand je serai à l'hospice, assise dans ma berceuse en train de me souvenir, je tiens à sourire.

Vous êtes maintenant une femme parfaitement capable de prendre ses propres décisions. Vous savez ce qui vous rend heureuse et confortable avec vous-même et ce qui vous déplaît. Il en est de même avec la sexualité; vous ne pouvez pas vous tromper.

Je voudrais être plus libérée sexuellement, avez-vous des suggestions à me faire?

Si vous décidez d'avoir des relations sexuelles avec un homme, dites-vous bien que la sexualité ce n'est pas un objet qu'on perd en le donnant. Un peu comme un sourire, il en reste toujours d'où ça vient. À moins d'avoir été refoulés pendant bien longtemps, les besoins sexuels se manifestent à répétition. L'énergie sexuelle semble d'ailleurs se régénérer d'elle-même: une vie sexuelle active mène au désir d'une vie sexuelle active. Il y aura peut-être des moments dans votre vie où vous devrez vivre sans relations sexuelles, pour une raison ou pour une autre. On survit à ça aussi. Souvent, pendant ces périodes, l'énergie sexuelle diminue comme dans une espèce de mécanisme primal d'adaptation. Bien sûr, la masturbation peut aider, et plusieurs experts recommandent la masturbation en tant que façon de garder sa sexualité en éveil quand on n'a pas de partenaire sexuel.

Je ne vais pas vous surprendre en vous disant que les femmes aussi ont besoin d'activité sexuelle. Mais nous avons aussi besoin d'être étreintes, touchées, caressées et nous avons besoin de parler. Ce désir d'être cajolée est un besoin humain essentiel qui se manifeste dès la naissance, les bébés qu'on ne touche jamais risquent d'ailleurs d'en mourir. Ce manque, qu'on a appelé la dépression anaclitique, a d'abord été remarqué par un homme du nom de René Spritz, qui avait observé que de très jeunes bébés mouraient pour des raisons inexplicables dans un orphelinat fort bien tenu. Les bébés étaient baignés et bien nourris, mais il ne se trouvait personne pour les prendre dans leurs bras ou les caresser. Les bébés ne se développaient pas, tombaient dans un état dépressif dit «dépression anaclitique»; ils mouraient. À partir du moment où les gens qui s'occupaient des bébés se sont mis à les prendre et à les chouchouter en leur donnant le biberon, donc à établir des liens avec ces bébés, il n'y a plus eu de décès inexplicables de jeunes bébés dans cet orphelinat.

Et quand, en tant qu'adultes, nous ne sommes ni touchés, ni étreints, ni caressés, nous risquons de nous assécher intérieurement. Il arrive parfois qu'une femme décide d'avoir des relations sexuelles avec un homme parce qu'elle a tout simplement besoin de se sentir près de quelqu'un. Elle se sent souvent coupable et affreuse après, se fait la leçon et se reproche sa conduite. Mais pourquoi vous faire inutilement des reproches? Vous devriez pouvoir vous permettre de satisfaire vos besoins sans vous sentir coupable ou diminuée!

Il arrive parfois qu'on ait tout simplement besoin de sexe pour le sexe. C'est aussi une raison valable d'avoir des relations sexuelles avec quelqu'un. Si vous désirez un homme et que vous avez besoin de lui ce jour-là, je vous le dis, allez-y et faites-le; tout ça, bien sûr, en tenant compte de vos convictions personnelles». Vous n'êtes pas en train de donner quelque chose que vous ne retrouverez plus. Vous participez à une expérience d'affection mutuelle. Que vous ayez ou non un orgasme (nous en reparlerons d'ailleurs), une relation sexuelle avec un homme aimant ça fait du bien à l'âme. Et si vous avez une relation sexuelle avec quelqu'un et que ce soit décevant, dites-

vous bien que vous n'en êtes pas diminuée pour autant.
Vous êtes simplement un être humain valable qui a fait un
choix adulte basé sur son expérience de vie et l'évaluation
de ses besoins. Vous n'avez aucun reproche à vous faire
quand vous vous donnez l'occasion de vivre une expérience douce, tendre et aimante.

*Je suis d'accord, mais je ne sais vraiment pas comment
me comporter. Et que faire si je semble maladroite ou
ridicule?*

Vous serez peut-être un peu embarrassée ou gênée au
début. Il faut s'y attendre. J'en parle d'ailleurs dans mon
chapitre sur les sorties, il est possible que les premières
fois vous gâchiez un peu la sauce et que vous ne fassiez
pas tout exactement comme il faut. Et après? Lui non
plus n'est pas parfait, vous savez! Ne vous inquiétez pas
de l'apparence de votre corps, si les choses en sont au
point où vous êtes prête à enlever vos vêtements,
rassurez-vous, il vous trouve désirable physiquement.
Nous sommes là à nous inquiéter de la moindre petite
imperfection; une marque, une ligne, une bosse! Et que
dire de la cellulite! Vous savez, même les femmes qui ont
subi des mastectomies ont été agréablement surprises de
découvrir qu'elles ne manquaient pas de partenaires
sexuels disponibles. Votre partenaire ne va tout de même
pas vous faire subir un examen au microscope! Plus souvent qu'autrement l'éclairage est bien bas, il a enlevé ses
lunettes, et il ne voit pas si bien que ça, de toute façon! Il a
probablement lui-même des «poignées d'amour» à la
taille, une bedaine, et il porte des dentiers ou un toupet.
Alors!

Revenons au problème qui vous inquiète: vous vous
demandez comment faire pour en arriver à ce moment de
vérité où vous serez vraiment au lit avec un homme. Qui
déboutonne quoi? Qui fait quoi d'abord?

C'est une amie intime qui m'a donné le meilleur conseil. Quand je suis sortie la première fois en tant que nouvelle célibataire, elle m'a dit: «Laisse-le prendre les cho-

ses en main. Il a l'expérience des femmes. Toi, relaxe-toi tout simplement et laisse-le mener le bal.» Et c'est exactement ce qui arrivait toujours. Quand un homme voulait m'embrasser ou me séduire, croyez-moi, il savait comment s'y prendre. Je pouvais dire «non» si ce n'était pas ce dont j'avais envie à ce moment-là; mais quand j'en avais envie, c'était très facile de me laisser guider. Je ne vous dirai pas que je n'étais jamais gênée ou embarrassée, surtout avec un nouveau partenaire, mais j'ai appris à maîtriser mes peurs. Vous le pouvez aussi, si vos attentes sont réalistes. Ne vous mettez surtout pas en tête que vous devez performer comme ces petits jeunes que vous voyez dans les revues, dans les films et à la télévision. Ça ne se passe pas vraiment comme ça dans la vie. La plupart des gens sont moyens, d'apparence moyenne; leurs énergies et leurs besoins sexuels sont tout aussi moyens. Tout le monde n'agit pas comme un athlète sexuel en train de s'astreindre à répéter les positions du dernier manuel illustré.

Quelle est la réaction des nouvelles célibataires à leur vie sexuelle?

Au moment où la femme atteint sa maturité sexuelle, qu'elle est capable de désirs plus intenses et ne détesterait pas d'adopter une attitude plus expérimentale face à la sexualité, il arrive souvent que son mariage soit déjà fragile. Sa vie sexuelle est peut-être même devenue une espèce de routine parce que son mari n'est pas intéressé à explorer avec elle une sexualité nouvelle.

Quand une femme redevient célibataire, elle peut se permettre d'explorer ces aspects de son tempérament et d'expérimenter avec des partenaires plus libérés sexuellement. Elle peut se permettre d'être moins inhibée et se redécouvrir désirable en tant que femme. Elle peut même projeter une sensualité vraiment nouvelle chez elle. Une femme plus âgée qui vit une liaison amoureuse passionnée découvre souvent des aspects de sa sexualité qu'elle aurait peut-être ignorés toute sa vie si des circonstances, parfois fâcheuses, ne l'avaient pas forcée à transformer son univers.

La plupart des femmes sont reconnaissantes de la chance qui leur est donnée de se redécouvrir en tant qu'êtres sexuels, et charmées de découvrir que ça existe des partenaires sexuels fascinants!

Que faire si j'aime bien un homme mais qu'il se révèle décevant au lit?

Les sexologues insistent beaucoup sur l'importance de la communication; les partenaires devraient apprendre à se dire leurs besoins intimes. Mais c'est bien difficile à faire, même dans des circonstances idéales, et pas vraiment convenable si la relation n'est pas intime ou engagée. Quelqu'un qui vous est pratiquement étranger n'a pas nécessairement intérêt à s'attarder à vous plaire, et si vous vous y attendez, vous risquez d'être déçue. Une carte routière de votre corps, c'est refroidissant pour un nouveau partenaire. («Tourne ici, doucement là, attention aux courbes.») Plus tard, quand vous serez devenus plus intimes affectivement, ce sera différent.

Ce qui veut dire?

Bon. Vous serez parfois généreuse et attentive sexuellement avec un partenaire, et lui, pas. Vous vous sentirez peut-être aimante et vraiment intéressée, et lui, pas. Et parfois vous n'aurez pas d'orgasme. Choisissez: vous pourrez décider de ne plus le revoir, de ne plus le considérer comme un partenaire permanent potentiel ou vous déciderez d'être patiente et d'attendre en vous disant que peut-être, avec le temps... J'insiste. Ça se bâtit une relation, il faut y mettre le temps! Ne comptez pas sur la communication instantanée. C'est avec la pratique que les relations sexuelles avec un nouveau partenaire s'améliorent.

Et si nous discutions de l'orgasme féminin?

Oui. Nous savons maintenant que les femmes ont plus de capacités orgasmiques que les hommes, elles sont même capables d'orgasmes multiples. Nous savons aussi qu'une femme met plus de temps qu'un homme à atteindre l'orgasme et qu'elle est plus facilement distraite par ce qui se passe autour d'elle. Le cerveau est l'organe sexuel le plus important.

J'ai été mariée pendant vingt-huit ans et mon premier partenaire sexuel après mon mari était un homme généreux, aimant et sexuellement expérimenté. J'ai mis quatre mois (oui quatre), pendant lesquels nous avions souvent des relations sexuelles, à me sentir assez libre pour avoir un orgasme. Qu'est-ce qui n'allait pas? Ça n'avait rien à voir avec la technique, l'apparence physique ou les sentiments amoureux. Il fallait que j'apprenne à aller au-delà de tout ce qu'on m'avait appris dans ma jeunesse, de certaines défenses peut-être inconscientes. J'avais besoin d'avoir confiance en cet homme et de me sentir assez libre pour m'accorder la permission d'avoir un orgasme en dehors du mariage. Heureusement, je n'ai pas renoncé à cette relation et il était assez compréhensif pour ne pas insister. Les choses sont venues d'elles-mêmes, sans rien forcer. Ne laissez jamais un homme vous accuser de frigidité parce que vous n'avez pas d'orgasme avec lui. La relation sexuelle peut être satisfaisante pour des raisons autres que l'orgasme; l'intimité, la tendresse. Mais la relation sexuelle ne suffit pas à elle seule à établir une relation intime.

Si vous n'avez jamais eu d'orgasme, c'est maintenant qu'il faut apprendre comment fonctionne votre corps. Il existe plusieurs livres sur la sexualité des femmes, certains ont même été écrits par des femmes. Le *Rapport Hite,* de Shere Hite, parle des femmes et de leurs réactions face à la sexualité et de ce qu'elles en font. Je vous en recommande la lecture pour vous aider à comprendre que toutes les réactions que vous avez face à la sexualité, d'autres femmes les ont eues.

Si un homme qui m'intéresse a un problème sexuel, que dois-je faire?

La plupart des recherches récentes sur la sexualité viennent confirmer que les hommes et les femmes sont plus semblables sexuellement qu'ils ne sont différents. Les plateaux de désir sont les mêmes, les rythmes parfois diffèrent. Un homme doit cependant «performer», avoir une érection et la conserver assez longtemps pour satisfaire sa partenaire. Un homme qui donne l'impression d'être tout à fait sûr de lui et de ses moyens se pose peut-être des questions sur la qualité de sa performance et sur ses qualités d'amant, voire sur la grosseur de son pénis. Il a peut-être un peu peur de cette nouvelle partenaire et de ses attentes. Les professionnels en santé mentale utilisent l'expression «anxiété de performance» pour décrire cette inquiétude de l'homme qui a peur de ne pas pouvoir être à la hauteur sexuellement. Il a peut-être l'impression que tous les autres hommes sont compétents, sûrs d'eux-mêmes, et d'extraordinaires amants parce que les hommes se confient rarement leurs inquiétudes sur le plan sexuel. Les hommes entre eux se racontent souvent des histoires et exagèrent facilement quand ils parlent de leurs prouesses sexuelles; il leur arrive même de prétendre à l'athlétisme.

De la patience et de la compréhension accomplissent souvent des miracles. Il arrive qu'un homme soit parfois impuissant au moment où il vient de sortir d'une longue relation avec une femme et qu'il en entreprend une autre avec une nouvelle femme. Il avait des habitudes avec la femme qui vous a précédée, c'est elle qui déclenchait les processus de désir chez lui. Donnez-lui un peu de temps, soyez rassurante; c'est gênant pour lui d'échouer, de ne pas être à la hauteur. Il vous faudra peut-être plusieurs expériences ensemble pour qu'il soit comme vous le souhaitez. S'il vous plaît et que vous vouliez voir votre relation continuer, donnez-lui une chance. Profitez du fait que les hommes plus âgés sont plus en forme le matin que le soir; planifiez un peu! La plupart des hommes dont l'impuissance n'est pas causée par la maladie ou les médicaments ont une érection le matin, au moment du réveil, c'est donc vraiment un moment de choix pour passer aux actes.

Si après quelques six essais vous avez encore des problèmes, vous déciderez peut-être d'attendre qu'il trouve une solution à son problème en thérapie, ou déciderez-vous de clore la relation. Un homme est parfois si bon et si aimant que la femme qui l'aime estime qu'il lui importe peu de ne pas pouvoir avoir de relations sexuelles; il existe aussi des hommes aux érections faciles qui sont froids, manipulateurs et incapables d'amour. Réfléchissez bien, discutez avec un conseiller professionnel si vous le désirez avant de refuser comme compagnon possible un homme qui a un problème sexuel. (Au chapitre six, je vous parlerai des exceptions.)

Masters et Johnson ont démontré que l'impuissance est corrigible. Si un homme décide de consulter un professionnel, encouragez-le à s'adresser à quelqu'un dont c'est vraiment la spécialité, un sexologue recommandé par un médecin et dont la réputation est vérifiable; un sexologue professionnel, qui a un sens de l'éthique et n'a pas de relations sexuelles avec ses patients ou ses patientes. Certains, cependant, utilisent les services d'une partenaire suppléante quand un homme n'a pas de femme dans sa vie pour l'aider dans sa démarche de thérapie.

Il y a tant de mythes au sujet des hommes et de la sexualité! C'est pourquoi il serait bon de lire un livre ou deux sur le sujet[1]. Pour la technique, *La joie du sexe*, d'Alex Comfort, est un bon manuel.

Avez-vous d'autres conseils à me donner?
Essayez de ne pas dévoiler trop vite tous vos mystères. N'ayez surtout pas l'air «professionnelle». Un homme

---

L'auteur recommande deux ouvrages qui n'ont pas été traduits en français: *Free and Female* de Barbara Seaman, et *What every woman should know about men* de Joyce Brothers, (NDT).

que je questionnais m'a raconté son aventure avec une femme au sujet de laquelle il fantasmait depuis des années. Il avait l'impression qu'avec elle, ce serait «l'expérience» de sa vie. Une fois divorcée, elle lui avait téléphoné; ils s'étaient revus, avaient mangé ensemble, puis s'étaient retrouvés au lit. De quoi pensez-vous qu'il se plaignait? Il l'avait trouvée «trop bonne». Elle connaissait trop bien «tous les gestes». Elle avait dévoilé tous ses mystères et toute sa science trop tôt, et il s'était refroidi.

Était-il vraiment malade? Non. Il était en train de dire qu'un homme préfère toujours avoir l'impression d'être le conquérant, celui qui éveille les désirs de sa partenaire et la mène sur les chemins du plaisir. Il ne veut pas avoir l'impression d'être l'homme no 248. Il n'ignore probablement pas qu'il n'est pas le premier homme avec qui vous allez au lit, mais il aimerait bien avoir l'impression d'être spécial. Essayez de conserver un certain équilibre entre la spontanéité, le savoir-faire, la réserve et la passion; vous ne pouvez pas vous tromper. Mais non, ce n'est pas si compliqué.

Mais c'est que j'ai peur de devenir enceinte! Que dois-je faire?

Si vous êtes toujours fertile et qu'il n'ait pas subi de vasectomie, vous allez devoir penser au problème de la contraception avant de passer aux actes. Discutez-en avec votre gynécologue et prenez une décision bien informée; vous ne voulez tout de même pas que la peur de devenir enceinte vienne gâcher la spontanéité de vos relations. Si vos croyances religieuses vous empêchent de prendre des précautions, réfléchissez bien, définissez votre philosophie personnelle face à votre vie sexuelle. Nous aimerions bien croire que les choses ont changé et que l'homme est aussi responsable que nous de la contraception; c'est nous qui devenons enceintes. Et c'est encore nous qui devons vivre avec les conséquences. Prenez au moins le temps d'y réfléhir.

J'ai lu et entendu tant de choses au sujet
des maladies sexuellement transmissibles.
Comment me protéger?
Vous devez prendre des précautions; les maladies transmises sexuellement sont épidémiques de nos jours. Lisez,
renseignez-vous et discutez-en avec votre médecin.

Vous trouverez de nombreux ouvrages sur le marché
qui discutent de l'herpès et du SIDA (syndrome immunodéficitaire acquis). Le SIDA semble être transmis par le
sang ou les excrétions corporelles à travers une lésion
dans la peau, ou par transfusion sanguine quand le donneur est infecté. C'est présentement une maladie plus
répandue chez les homosexuels, et on croit que le sexe
anal rendrait plus vulnérable à cette maladie. D'autres
groupes à risques élevés seraient, dit-on, les drogués qui
s'injectent et les hémophiles. Cette maladie s'attaque au
système auto-immunologique, le corps ne pouvant plus
se défendre contre les maladies et les infections comme le
cancer ou la pneumonie; c'est une maladie fatale.

L'herpès en phase active provoque une éruption
cutanée visible sur les parties génitales ou autour de
celles-ci. Ça peut ressembler à des boutons entourés
d'une zone rosâtre. L'éruption vient et repart, et on croit
que quand il y a rémission et que les ulcérations disparaissent, il y aurait moins de risques d'infection.

Un des seuls moyens pour déterminer si un homme a
l'herpès en phase active ou des verrues génitales (autre
maladie vénérienne), c'est de regarder. Un autre, c'est de
demander. Comme je le mentionnais plus haut, il n'y a
pas de signes visibles quand l'herpès n'est pas en phase
active. Il en est ainsi pour plusieurs autres maladies vénériennes, dont la syphilis et la gonorrhée au stade initial.
Demander à quelqu'un s'il est atteint d'une maladie
vénérienne n'est pas très confortable; c'est même embarrassant. Et on peut vous mentir. Regarder, ce n'est pas
toujours commode ni faisable. Soyez sélective dans votre
choix de partenaires sexuels; c'est la meilleure chose à
faire.

Si un homme porte un condom vous êtes relativement protégée contre la syphilis et la gonorrhée, mais pas contre l'herpès, parce qu'il peut infecter une zone plus importante que les parties génitales seules. Essayez d'éviter d'avoir des relations sexuelles avec des partenaires quand vous savez qu'ils ont de nombreux partenaires sexuels. Essayez de connaître un homme avant d'avoir des relations sexuelles avec lui; sachez au moins son adresse pour pouvoir le localiser s'il le faut. Voyez votre gynécologue au moins deux fois par année et quand vous croyez que vous avez peut-être été infectée. Mais ne paniquez pas. Les démangeaisons et les pertes vaginales peuvent être des symptômes d'infections à champignons mineures qui sont des maladies féminines courantes. Il s'agit peut-être aussi d'hémophilus ou de vaginite de Gardnerella qui sont des infections transmises sexuellement, moins graves que la syphilis ou la gonorrhée.

On rencontre des hommes et des femmes que les maladies transmises sexuellement inquiètent à un point tel qu'ils se privent complètement de relations sexuelles; d'autres ne tiennent pas à faire vœu de célibat. C'est une situation qui est loin d'être facile pour la femme célibataire contemporaine et vous aurez besoin de tout votre savoir-faire pour faire face au problème.

J'espère que ce chapitre aura su répondre à quelques-unes de vos questions sur vos besoins sexuels et leur expression dans votre quête pour un nouveau mari. Je suis loin d'avoir dit le dernier mot sur le sujet et vous trouverez vous-même plusieurs réponses à vos questions. À mesure que vous devenez plus à l'aise face à votre vie de célibataire et à ses aspects sexuels, vous apprécierez mieux vos relations avec les hommes, et le sexe deviendra un de vos critères dans la sélection d'un nouveau compagnon de vie. La plupart des gens remariés vous diront que leurs relations sexuelles sont bien plus satisfaisantes dans leur second mariage parce qu'ils sont devenus plus libres, plus expérimentés et plus à l'aise face à leur sexualité. C'est bien encourageant.

CHAPITRE CINQ

Les sorties: les plaisirs et les dangers

Si imparfait que ce soit, c'est quand même en sortant ensemble que la plupart des hommes et des femmes apprennent à se connaître. Courtiser, c'est courtiser, quelle que soit l'époque ou la culture. Même les animaux ont des rites établis pour se faire la cour et s'unir, mais chez eux c'est habituellement le mâle qui se pavane et fait le beau!

Une fois la relation établie, vos sorties deviendront moins formelles. Vous regarderez la télé ensemble, il vous accompagnera dans des réunions de famille, ou vous vous rencontrerez pour prendre un café ou un verre, comme ça, à l'improviste. Pour ça, il faut d'abord sortir avec quelqu'un! Au début, c'est une période d'apprentissage et d'expérimentation. Après un divorce, beaucoup de gens se mettent soudain à sortir fiévreusement, sans relâche, parfois même tous les soirs. Puis, éventuellement, ils se calment tout doucement et se remettent à vivre d'une façon plus réaliste.

Je me sens complètement étrangère à ce phénomène. J'en ai peur! Je ne sais même plus comment me comporter! Mais j'avoue que l'idée de rencontrer des nouveaux hommes m'excite!
Et vous avez raison: c'est excitant! Vous vous sentez un peu mal à l'aise, dites-vous, vous avez l'impression de ne

pas trop savoir comment faire, de manquer de pratique; vous avez été mariée si longtemps! Courage! C'est vrai que ça fait un peu peur au début. Je l'avoue, j'ai un peu gâché mes premières sorties. Après vingt-huit ans dans les limbes, il fallait peut-être m'y attendre! Ça peut vous arriver à vous aussi. Je ne savais vraiment pas comment me comporter. Ma dernière sortie datait de 1950, l'équivalent contemporain de l'âge de pierre. Bien sûr, j'avais entendu parler de la nouvelle moralité, de «fais ton affaire, je fais la mienne», de la sexualité facile, mais je manquais totalement d'expérience pratique. Je me sentais maladroite et intimidée, j'avais peur qu'il pense que je voulais trop ou que j'étais trop prête. Alors, je me retirais dans ma coquille et je donnais l'impression d'être froide comme un bloc de glace. Avec le recul, je me rends compte que ces hommes-là ont probablement cru qu'ils me déplaisaient. Mais personne n'en est mort et la terre n'a pas arrêté de tourner.

C'est tout à fait normal de se sentir étrange et maladroite au début. Vos premières sorties, c'est un peu comme faire des gauffres. Il faut presque toujours jeter la première! Et après? La seule façon de se familiariser avec les sorties, c'est de sortir. Vous vous sentirez rapidement à l'aise, faites-moi confiance! Même, vous aimerez beaucoup!

***Et les problèmes auxquels une femme célibataire doit
faire face de nos jours sont-ils différents de ceux
qu'elle connaissait il y a quelques années?***
Certains le sont, oui. Il faudrait fermer les yeux et se boucher les oreilles pour ignorer les dangers qui existent de nos jours. Nous avons toutes dû apprendre à être plus prudentes dans nos maisons comme à l'extérieur. Ne montez jamais à la maison et ne montez jamais dans une voiture avec un étranger que vous venez de rencontrer et que personne ne vous a présenté, ni avec le charmant monsieur que vous avez rencontré à la plage ou au lavoir,

ou au cours de poterie. Vous ignorez qui sont ces gens. Il y en a trop de ces maniaques qui s'attaquent justement à des femmes comme vous. Soyez plus que vigilante. Rencontrez toujours ces hommes en public les premières fois, au restaurant par exemple, et utilisez votre propre moyen de transport. Un homme charmant, qui faisait les manchettes récemment, a réussi à tuer plusieurs jeunes femmes très jolies à travers les États-Unis: il leur promettait des séances de photos et une carrière de mannequin. Il avait l'air on ne peut plus convenable; il avait de l'argent et une belle voiture, ce qui ne l'empêchait pas d'être psychopathe. Alors même qu'on le recherchait et qu'on pouvait voir sa photo partout, il a réussi à séduire et à tuer d'autres femmes.

Quand vous aurez rencontré quelqu'un au moins quelques fois dans des endroits publics, vous pourrez commencer à vous sentir moins hésitante et à accepter qu'un homme vienne vous prendre à la maison ou peut-être à aller chez lui. Il n'y a cependant aucune garantie. Quelqu'un de votre entourage immédiat devrait connaître au moins son nom et son numéro de téléphone quand vous avez l'intention d'être seule avec lui. Quand je sortais avec un homme les premières fois, je téléphonais toujours à une de mes filles pour lui dire le nom du monsieur et ce que je savais de lui. Je me rapportais à ma fille pour lui dire que tout allait bien quand je rentrais à la maison ou quand le charmant monsieur partait de chez moi. Tout ça peut vous sembler enfantin mais je vous dirai que je n'ai jamais eu de mauvaises expériences et n'ai jamais eu peur. Il y a une vieille blague au sujet des «éléphants à New York» qui se raconte à peu près comme suit. Un homme, au coin d'une rue, était là à faire de grands gestes. Un passant lui demanda: «Mais qu'est-ce que vous faites?» Et l'homme de répondre: «C'est pour éloigner les éléphants.» Le passant s'indigna: «Mais il n'y a pas d'éléphants à New-York!» Et l'homme aux grands gestes lui répondit fièrement: «Vous voyez bien, ça fonctionne!»

Suivez mon conseil et soyez prudente, vous pourrez alors, comme l'homme aux grands gestes, croire que vous êtes en sécurité parce que votre campagne de prévention est efficace!

Mais comment faire pour recommencer à sortir?
En acceptant tout simplement quand un homme charmant vous invite.

Souvenez-vous de tous ces conseils pratiques que vous lisiez attentivement quand vous étiez adolescente; c'est un peu comme ça que vous aviez appris à sortir! Ces précieux conseils sont toujours valables, mais tenez compte de votre maturité et de votre expérience. Vous n'êtes plus une petite fille qui ne sait pas y faire, mais une femme expérimentée, désirable; c'est tellement plus fascinant.

Montrez, dès l'abord, que vous savez être une femme délicate et prévenante en demandant à «Monsieur» s'il préfère vous rencontrer quelque part ou venir vous prendre (n'oubliez pas mes conseils sur la prudence). Non, ne vous horrifiez pas! Vous n'avez pas du tout besoin de cet individu pour vous prouver qu'on vous respecte en tant que femme en venant vous prendre, *vous* connaissez votre propre valeur. Vous êtes une femme gentille, prévenante, une femme mûre qui comprend fort bien qu'il a peut-être une réunion, qu'il vit peut-être loin ou qu'il n'a pas beaucoup de temps pour courir chez lui se changer, et vous voulez tout simplement lui faciliter les choses dès le départ.

Dans ce chapitre, je rapporte les commentaires de plusieurs hommes que j'ai interviewés pour illustrer le point de vue masculin sur les sorties. Certains d'entre eux se sont mariés sur le tard et étaient sortis avec des centaines de femmes. Pour simplifier, j'ai décidé de les appeler tous Stan et Jim.

(*Jim:* «Soyez prête à l'heure convenue. C'est un peu gênant d'être assis à jaser avec vos enfants, vos parents ou la personne qui partage votre appartement quand on ne les connaît pas.» *Stan:* «Je n'ai jamais eu de problèmes. Je téléphonais à peu près une heure à l'avance pour demander comment allaient les choses. Il y avait toujours moyen de composer et de changer l'heure de notre rendez-vous quand c'était nécessaire pour l'un ou pour l'autre.»)

Enbrassez-le sur la joue en l'accueillant. C'est un geste que les hommes apprécient toujours. C'est son premier rendez-vous avec vous, il se sent peut-être un peu embarrassé. C'est rassurant d'être accueilli chaleureusement. Et ce petit contact aide à briser la glace. (Il ne s'agit pas d'un long baiser passionné; une petite bise légère, un peu comme quand vous accueillez votre grand-tante.)

Vous vous êtes faite belle, au moins! Évidemment, me direz-vous! Je le sais, j'insiste; même si vous êtes à la course, prenez une douche, refaites votre maquillage et parfumez-vous. Comme je le disais précédemment, que vos vêtements soient propres et pressés, et votre tenue, impeccable. Si vous voulez attirer un homme charmant ou un homme du monde qui vous emmènera dans des endroits intéressants, vous vous devez d'être quelqu'un qu'il sera fier d'avoir à son bras. S'il ne vous a pas dit où il avait l'intention de vous emmener, vous pourrez porter une blouse et une jupe, ou une robe classique. Ne vous habillez surtout pas pour aller au bal, à moins de savoir que c'est là qu'il vous emmène. Un peu de mesure! (*Jim:* «Personne ne déteste les vêtements classiques.» *Stan:* «Les femmes devraient savoir que, si elles sont un peu jolies, elles n'ont pas du tout besoin de porter des vêtements qui ne laissent rien à l'imagination. Les décolletés plongeants qui découvrent les seins, les robes fendues jusqu'aux hanches, tout ça n'ajoute rien à la beauté d'une femme et ce n'est pas du tout nécessaire.»)

Portez quelque chose de doux. J'ai appris que les hommes adorent toucher des tissus bien doux quand ils vous prennent le bras ou qu'ils vous prennent dans leurs bras. Ils ne le savent peut-être pas toujours, ils ne vous le diraient pas non plus. C'est tellement plus sensuel les lainages et les tricots mœlleux, la soie, le velours!

S'il vous demande ce que vous aimeriez faire, hésitez un peu, puis demandez-lui s'il avait planifié quelque chose. (*Stan:* «Quand on demande à une femme, c'est difficile pour elle de décider à la dernière minute. C'est préférable quand un homme a pris la peine de planifier un peu.») S'il vous propose d'aller quelque part, acceptez de bonne grâce, à moins qu'il n'ait l'intention d'aller voler une banque avec vous ou qu'il vous propose une activité peu recommandable. Quand vous vous connaîtrez mieux, vous vous sentirez plus à l'aise de lui proposer des activités.

Soyez bonne joueuse. Acceptez parfois de faire des choses dont vous n'avez pas vraiment envie, il fera sans doute la même chose. Ainsi, je suis allée à la pêche avec un homme que j'avais réussi à «entraîner» dans une parade de mode. Non, je ne rêvais pas d'aller à la pêche et lui se serait bien passé de m'accompagner à une parade de mode! L'important, c'est le temps que vous passez ensemble. Et comme le dit Jim: «Je ne crois pas qu'une femme devrait accepter de faire quelque chose qu'elle déteste vraiment. Ce n'est pas juste envers l'homme qui tient, lui, à ce qu'elle s'amuse. S'il propose de l'emmener à une course d'autos et qu'elle détesterait, elle devrait le dire plutôt que de souffrir et de s'ennuyer toute la soirée.»

Apprenez à écouter. En l'écoutant attentivement, vous pourrez le faire parler, apprendre à le connaître et vous amuser. Cultivez cet art de l'écoute attentive; commentez ce qu'il vous dit, questionnez un peu pour clarifier ce qu'il vient de vous dire. Tenez, par exemple:

LUI: «Je suis allé à Chicago la semaine dernière pour mes affaires et, pour la première fois, il faisait beau.»

VOUS: «Ah! Il ne fait pas souvent beau à Chicago?»

LUI: «Non, pas souvent! Tu ne connais pas la vieille blague? Si tu n'aimes pas le temps qu'il fait à Chicago, tu attends vingt minutes, et ça change.»

VOUS: «Non, je ne l'avais jamais entendue, mais je ne l'oublierai plus maintenant!»

Voilà, vous vous parlez. Vous voyez bien, l'écoute active, c'est tout simple; ça permet à la conversation d'avancer. C'est plus agréable que de se répondre oui ou non, des heures durant.

N'ayez pas l'air de quelqu'un qui se mêle de sa vie privée. Attendez qu'il soit prêt à vous en parler ou que la conversation s'y prête. En ce qui touche votre vie privée, ne parlez pas des autres hommes présents ou passés, ni de votre ex-mari (*Jim:* «Je détestais ça quand les femmes me parlaient des autres hommes, de ceux avec lesquels elles sortaient et qu'elles me racontaient où ils étaient allés et ce qu'ils avaient fait.») S'il vous questionne au sujet de votre ex-mari, soyez brève, évitez surtout les aigreurs à son sujet, même si c'est ce que vous ressentez. C'est manquer d'élégance. Et c'est bien désagréable pour un homme d'être obligé d'entendre une femme lui raconter comment son ex était un monstre, ou son défunt mari, un ange. Ne déblatérez pas contre votre ex; vous auriez l'air d'une vieille mégère aigrie! Et si vous lui parlez des autres hommes, il aura l'impression que vous allez parler de lui de la même manière; il aura sans doute peur et il s'enfuira. Et s'il croit que votre «cher défunt mari» était un saint, il se sentira bien mal à l'aise d'entrer en compétition avec de si précieux souvenirs; il décidera alors de se retirer. Si vous êtes divorcée, vous pourriez dire: «Nous avons été mariés dix ans et ça n'a pas marché. Nous sommes tous les deux plus heureux maintenant.» Et si vous êtes veuve: «J'avais fait un bon mariage avec John, mais maintenant je suis prête à commencer une nouvelle vie.»

Non, ne parlez surtout pas de votre santé et ne parlez de vos enfants que s'il vous questionne. Non, pas trop!

(*Jim:* «Non, ne sortez pas tout de suite le portefeuille avec dix photos des enfants ou des petits-enfants!») Voyons, vous voulez qu'il vous perçoive comme un objet d'amour possible! C'est votre but premier, ne l'oubliez pas! Et cet homme qui entre dans votre vie, croyez-vous qu'il aura envie de vous faire la cour si vous lui projetez l'image d'une «môman», d'une «grand-môman», d'une femme pâle et faible ou encore celle d'une femme rejetée et aigrie! Allons, un peu de mesure et de sagesse!

Qu'est-ce que les hommes aiment chez une femme?

Les hommes aiment les femmes douces, féminines! Et comment le saurais-je? C'est qu'ils me l'ont dit! Même si vous êtes patron au bureau, sachez ne plus l'être quand vous sortez avec un homme. Quoi qu'en disent les hommes, ils rêvent d'une femme aimante qui prendra soin d'eux et les chouchoutera. La plupart des femmes aussi d'ailleurs. (C'est relié à un désir d'amour inconditionnel comme celui qu'on nous manifestait, bébés.) J'écoutais un jour un groupe de célibataires «disponibles» parler des femmes d'aujourd'hui, et de leurs frustrations et de leur déceptions d'hommes. Ils se plaignaient surtout de ne pas arriver à trouver des femmes disposées à prendre soin d'eux à la maison et à s'occuper de leurs besoins.

Un article en première page du *Wall Street Journal* (25 janvier 1984) proclamait: «Les hommes américains épousent des Asiatiques pour échapper aux femmes libérées.» Le reportage faisait mention d'une cinquantaine d'agences qui permettent à des Américains de rencontrer des femmes asiatiques par l'entremise d'un courrier. Un professeur de l'Université du Texas, à Tyler, estime que des dizaines de milliers d'Américains se chercheraient en ce moment des épouses asiatiques et que cette tendance touche tous les groupes socio-économiques. En 1982, 6 059 visas ont été accordés à des femmes asiatiques, latino-américaines et européennes pour leur permettre de venir aux États-Unis épouser des Américains. Quelques six mille hommes, donc, que les Américaines ne pourront pas épouser! L'article disait aussi, et vous serez sans doute d'accord, que ces hommes n'ont peut-être pas tout ce qu'il faut pour intéresser les femmes américaines, qu'ils sont uniquement à la recherche d'une servante et d'une maîtresse et qu'ils profitent de pauvres femmes dont le seul désir est d'améliorer leur situation. C'est peut-être vrai. Mais cette tendance illustre bien ce que pensent certains Américains.

Une beauté remarquable très connue, qui avait épousé en secondes noces un très riche magnat de la finance, avait dit un jour: «Pour les gens de l'extérieur, la maison d'un homme c'est sa forteresse; mais ceux de l'intérieur savent bien que la maison d'un homme c'est sa garderie.» Si vous aimez un homme, si vous affectionnez un homme, c'est normal de vouloir prendre soin de lui dans les limites du temps dont vous disposez. J'ai pris plaisir à prendre soin des hommes que j'ai aimés et à les aider, et je le fais encore. J'aime prendre soin de mon mari.

Un homme affectueux vous le rendra d'ailleurs. Sinon, vous ne voudriez pas de lui de toute façon; ça ne se vit pas à sens unique ce genre de chose! La réciprocité, c'est bien de ça que nous parlons; deux êtres qui s'aiment et qui ont de la considération et du respect l'un pour l'autre! Au deuxième siècle avant J.-C., le philosophe Hécaton de Rhodes disait: «Je vous apprendrai une potion d'amour plus puissante que les drogues, les herbes magiques ou les sorts que jettent les sorcières; si vous voulez être aimé, aimez.»

On pouvait lire dans la revue *Singles:* «Les hommes vont vers les femmes chercher la chaleur et la compréhension qu'ils ne trouvent pas souvent dans leurs amitiés avec d'autres hommes.» Montrez-lui dès le départ que vous êtes différente; vous, ma chère, êtes une femme avec toutes ces petites différences et ces petites nuances que les hommes adorent et recherchent. Ne l'oubliez surtout pas, vous êtes d'abord une femme! Quand vous ne savez trop comment réagir, pensez à ce qui lui ferait plaisir, pas à ce qui satisferait votre besoin de pouvoir et de contrôle. S'il se sent bien, il vous aimera. (Bien sûr, il y a des limites; je ne vous conseille pas de devenir un paillasson!)

Deux femmes qui dirigent une agence matrimoniale en Angleterre ont demandé aux hommes qui venaient à leur bureau ce qu'ils aimaient chez les femmes. Ceux-ci ont énuméré les qualités qui suivent: pas autoritaire, opiniâtre ou chicanière; douce et gentille, mais pas molle; à la voix douce; qui sait écouter; qui rit facilement; bonne; d'humeur égale; qui sait lui montrer qu'il lui plaît; qui sait apprécier les attentions d'un homme; qui partage ses intérêts; qui n'est ni blasée, ni pessimiste, ni alarmiste; qui a du jugement. Tout un programme non? Mais le fil conducteur, ce que les hommes recherchent chez une femme qu'ils aimeront, c'est la douceur et la bonté.

Revenons à nos moutons. Soyez toujours une dame, une «lady». Ne soyez jamais vulgaire et ne jurez pas, même si vous vous trouvez dans un groupe où d'autres femmes le font. Quand vous êtes avec un homme, ne flirtez pas avec les autres, ne les regardez pas avec insistance, même si c'est bien tentant. Hélas, la plupart des hommes croient, plus ou moins fermement que, de toute façon, toutes les femmes sont des «femmes faciles». Ne renforcez pas cette «image»; ce n'est pas du tout nécessaire. (*Jim:* «Mais comment saviez-vous ça?») Donnez-lui toujours l'impression que c'est à lui seul que vous réservez votre passion, que lui seul a le pouvoir de déclencher toute l'ardeur qui bouillonne derrière votre extérieur de grande dame. (Vous vous souvenez de Grace Kelly quand elle était comédienne; elle paraissait toujours calme et détachée à la surface et jouait dans ses films des scènes d'amour enflammées et passionnées! C'est un bon exemple.)

Soyez affectueuse. Quand vous mangez ensemble, prenez-lui le bras, embrassez-le sur la joue, si vous en avez envie, mais ne soyez pas artificielle. Démontrez une affection que vous ressentez vraiment. Les hommes aiment les femmes affectueuses même quand ils sont eux-mêmes rigides et bien sérieux. Un peu de retenue cependant! N'allez pas vous envelopper autour de lui comme une vraie couleuvre, en public, pour aller raconter après que c'est moi qui vous ai dit de le faire! Ne l'oubliez pas, vous êtes une dame, mais une dame qui peut ressentir de la chaleur et de l'affection. Si vous vous donnez la permission d'exprimer des sentiments féminins bien naturels plutôt que de les réprimer parce qu'on vous a appris que l'homme est l'ennemi, vos gestes seront naturels et vous ne serez pas artificielle. Je connais bien peu de femmes qui n'aiment pas manifester cet aspect de leur tempérament. Nous sommes traditionnellement le sexe qui se sent tout disposé à toucher un front fiévreux, à masser des muscles endoloris, à soigner un chaton blessé et à montrer de l'affection et de la tendresse à nos enfants; et c'est cet aspect de notre nature que les hommes veulent voir. Ils en ont désespérément besoin.

Soyez consciente de votre voix; elle sera douce, modulée. Vous êtes une femme calme, posée, sensuelle; non? C'est si désagréable quelqu'un qui rit nerveusement et trop fort, ou qui crie! Si des voleurs vous attaquent ou que vous êtes au football, c'est autre chose.

C'est bien facile de travailler ma voix, je m'inquiète surtout des temps morts dans la conversation. Vous me dites que je devrais faire attention et ne pas trop parler des enfants, de ma santé ou de mon ex. Il reste quoi? De quoi donc parlerons-nous?
Si vous travaillez, vous pouvez toujours raconter des anecdotes ou parler de gens que vous connaissez. Vous pouvez parler de vos voyages, de votre enfance, de vos parents (pas trop!), de vos études, de votre profession, de vos frères et sœurs, de ce qui se passe dans le monde, des films que vous avez vus, des livres que vous avez lus, des sports qui vous intéressent et de votre philosophie de la vie.

Et parlez de lui. Soyez vraiment intéressée. Mais, et c'est un très gros «mais», ne parlez pas trop. C'est ennuyeux quelqu'un qui jacasse sans arrêt, et beaucoup de femmes le font, sans s'en rendre compte, quand elles sont nerveuses. À moins qu'il ne soit vraiment très silencieux, laissez-le diriger un peu la conversation. Je ne crois pas non plus qu'on doive tout raconter. Sachez être au moins un peu mystérieuse, qu'il lui reste quelques petites choses à apprendre à l'avenir! (*Jim:*«Une femme devrait être un peu réservée et même timide et ne pas raconter tout de suite l'histoire de sa vie.») Laissez-le se poser des questions sur vos amours passées et sur qui vous fréquentez ou ne fréquentez pas en ce moment. Ça ne le regarde pas du tout si on ne vous a pas invitée depuis six mois! Pourquoi iriez-vous lui raconter ça? Dites-vous que vous êtes un peu comme un oignon qu'il devra découvrir, avec le temps, pelure après pelure. Et s'il vous pose une question à laquelle vous ne désirez pas répondre, prenez un petit air gêné et dites-lui: «Quand je te connaîtrai mieux, je me sentirai capable de t'en parler, en ce moment ça me gênerait un peu. Ça ne te dérange pas?» Ça n'a d'ailleurs pas à le déranger.

Si vous vous parlez souvent au téléphone, ne lui racontez pas tout ce que vous faites les soirs où vous ne sortez pas ensemble. Sous-entendez que vous menez une vie intéressante, mais que vous êtes toujours contente d'avoir de ses nouvelles. Les hommes pardonnent beaucoup de choses aux femmes intéressantes. Vous pouvez même être un peu folle, à la condition de ne pas être plate ou ennuyeuse. (*Stan:* «Quand un homme ne rappelle pas une femme, c'est qu'il n'y a pas de chimie, pas d'atomes crochus.») Selon les experts, un homme se désintéresse d'une femme surtout parce qu'elle lui paraît fade ou ennuyeuse. Il ne la laisse pas tomber parce qu'elle ne sait pas y faire au lit, ou parce qu'elle n'est pas assez belle ou assez riche, mais parce qu'elle est ennuyeuse. Écoutez-moi bien quand je vous dis: SOYEZ INTÉRESSANTE, QUE DIABLE!

J'ai réussi à survivre à ma première sortie avec un nouvel homme et je me suis bien amusée! Il est venu me conduire à ma porte... maintenant, qu'est-ce que je fais?

Ah! se dire bonsoir après une première sortie, c'est vrai que c'est parfois embarrassant. Si vous ne l'invitez pas à entrer, il pourrait croire qu'il ne vous plaît pas, et si vous le faites, il croira peut-être que vous venez de l'inviter dans votre lit. C'est une question de circonstances, de jugement aussi. (*Stan:* «Inviter un homme, c'est une façon de lui dire que vous avez aimé votre soirée et que vous ne voulez pas la voir se terminer.») Si vous ne tenez pas à l'inviter à entrer chez vous, faites-lui un beau sourire, embrassez-le sur la joue, inventez l'excuse d'une réunion très tôt le lendemain qui vous empêche de veiller trop tard. S'il vous plaît beaucoup, écoutez votre intuition. Évidemment, s'il a l'air pressé de s'en aller, vous n'aurez pas trop de questions à vous poser! N'oubliez pas de lui dire combien vous avez apprécié sa compagnie, si tel est le cas. C'est alors qu'il dira peut-être: «Est-ce que je peux te revoir?» Ou alors, prenez l'initiative et invitez-le à vous accompagner quelque part. Vous pourrez dire quelque chose comme: «Mon amie Joan reçoit quelques amis la semaine prochaine. Si tu n'es pas occupé, est-ce que tu aimerais m'accompagner?»

Coucher ou ne pas coucher. Ah! l'élégance de nos mères qui savaient dire «céder»! Reste que vous allez devoir choisir. Il n'y a pas de règles strictes et on ne sait vraiment jamais si on est en train de faire ce qu'il faudrait. C'est un peu une question de qui joue, perd. Si vous le trouvez irrésistible et follement désirable, vous aurez de la difficulté à dire «non» simplement parce que vous estimez que c'est trop tôt. Et s'il a été bon, gentil, adorable toute la soirée, qu'il vous a traitée comme une princesse, vous vous sentirez peut-être un peu son obligée. Ah! bien sûr, vous ne lui devez rien, pas vraiment. Mais on a parfois ce sentiment n'est-ce pas... Vous le savez bien! En plus, il vous a fait des avances, quel dilemme! C'est pour cette raison d'ailleurs que certaines femmes préfèrent payer leur part quand elles sortent avec un homme; comme ça, pas d'obligation, pas de sentiment d'obligation. N'oubliez pas non plus que les hommes célibataires aiment bien manger en bonne compagnie et qu'ils ne vous font pas une si grande faveur en vous offrant à dîner. (*Stan:* Les hommes n'aiment pas les femmes trop faciles. Un gars a à peine le temps de mettre le pied chez elles qu'elles sont déjà déshabillées. Un homme ne vous respectera sûrement pas si vous êtes de celles-là.»)

Bien sûr, s'il a été désagréable ou qu'il vous a mise au pied du mur toute la soirée, vous n'aurez aucune hésitation à lui dire «non», mais usez de tact. Je n'aime pas avoir à le dire, certains hommes sont capables de violence et de bêtise quand une femme refuse de succomber à leurs avances. C'est une raison qui en vaut d'autres d'éviter de vous trouver en situation de trop grande intimité tant que vous ne le connaîtrez pas mieux. Si vous avez peur, soyez évasive jusqu'au moment où vous vous trouverez dans un endroit plus sécuritaire. Si, par exemple, il stationne sa voiture et se met à vous faire des avances, laissez-lui croire que vous préférez attendre d'être à la maison pour lui céder. Une fois chez vous, il y a peut-être quelqu'un dans la maison, il y a de la lumière ou un portier qui monte la garde, vous pourrez toujours lui faire une bise très rapide et courir à l'intérieur avant qu'il ait le temps de réagir. On espère et on se dit qu'on a probablement réussi à éviter les dangereux personnages, pour ne pas dire les fous, mais on ne peut pas toujours savoir. Et c'est une autre raison de rencontrer un homme avec lequel on sort pour la première fois dans un endroit public plutôt que de le laisser venir vous chercher à la maison.

Mais revenons à l'homme qui vous émeut. Après un certain temps, je me suis rendu compte qu'avoir des relations sexuelles avec un homme trop tôt («trop tôt» étant quelque chose de bien subjectif) finissait à peu près forcément par être une expérience négative. C'est dur de s'engager dans le plus intime des comportements avec quel-qu'un qui est presque un étranger. D'autre part, on est parfois dans une période de «privation» et on décide de passer outre à ses convictions pour aller chercher un peu de tendresse et de rapprochement.

Vous allez sûrement commettre des erreurs de juge-ment en chemin; c'est à peu près inévitable. Vous vous sentirez peut-être affreuse si vous avez des relations sexuelles avec lui et qu'il ne vous rappelle jamais. Mais si vous avez eu des relations sexuelles pour de bonnes rai-sons, ça peut être bien. Une bonne raison d'avoir des relations sexuelles avec lui, c'est de satisfaire vos besoins. Ainsi vous ne vous reprocherez rien et vous ne regretterez rien. Vous et vos besoins du moment, c'est ce qui importe ici, pas ce que vous avez l'impression que lui désire. Une mauvaise raison d'avoir des relations sexuelles avec un homme c'est d'en faire une technique de manipulation pour «l'avoir» ou pour tenter de se faire aimer de lui; c'est risquer la déception. Suivez ce conseil, je crois que vous saurez bien choisir. Bien sûr, il est possible que vous «perdiez» un homme que vous désirez parce que vos besoins et les siens ne concordaient pas cette fois-là, mais il vous aurait probablement laissé «tomber» de toute manière. Quand un homme et une femme se plaisent vrai-ment et qu'il y a une excellente «chimie» entre eux, il est peu probable qu'ils se fassent du mal en ayant ou en n'ayant pas de relations sexuelles.

Le saviez-vous, certains hommes se plaignent du fait que les femmes s'attendent toujours à avoir des relations sexuelles, au point qu'ils sont si «fatigués» qu'ils déci-dent parfois de prendre des vacances et de ne plus sortir pendant un temps! Et les femmes continuent de croire que les hommes ne pensent qu'à une chose, ne veulent qu'une chose: le sexe! Ce n'est pas le cas, ne l'oubliez pas. Un homme plus tout à fait jeune de ma connaissance s'est remarié récemment à une femme de son âge. Il m'a avoué qu'il n'avait pas tellement aimé toutes ces jeunes femmes qui exigeaient presque d'avoir des relations sexuelles avec lui après une soirée au restaurant ou ailleurs. Après un repas finalement lourd et quelques verres, au moment où il était fatigué et, disons-le, repu, il n'avait pas envie de s'exécuter. N'en pouvant plus de répondre aux exigences de ces femmes bien jeunes, il s'était trouvé une gentille dame de son âge qui comprenait, elle, que pour les hommes plus âgés , le sexe, c'est mieux le matin.

Est-ce que je devrais lui téléphoner après notre sortie?
Voici un autre de mes axiomes: après une sortie, ne téléphonez jamais à un homme qui ne vous rappelle pas, quoi qu'en disent d'autres auteurs. Jamais! Les hommes peuvent raconter tant qu'ils voudront qu'ils sont flattés quand les femmes leur téléphonent, je vous dirai ceci: ne les écoutez pas. Un homme qui ne peut pas téléphoner à une femme s'il le veut bien, ça n'existe pas; où qu'il soit, quelles que soient les circonstances ou l'heure. S'il ne veut pas vous téléphoner, tous vos appels n'y changeront rien. (Stan et Jim sont d'accord.) Vous pouvez lui trouver des excuses en prétendant qu'il est timide, qu'il s'est imaginé qu'il ne vous plaisait pas, qu'il a peut-être perdu votre numéro de téléphone, qu'il est occupé à son travail, qu'il a dû partir en voyage... J'en oublie, je sais! Allons, ne vous faites pas inutilement du mal! Quoi qu'en disent les hommes, et même si les temps ont bien changé, ils préfèrent toujours décider, eux, de poursuivre une relation. (*Stan* et *Jim:* «Vrai.»)

Une fois qu'il se sera montré intéressé et qu'il aura poursuivi un peu, vous pourrez vous téléphoner l'un l'autre. Mais pas avant. Autrement, il n'oubliera jamais que c'est vous qui lui avez téléphoné et la femme qui lui semblera un peu plus inatteignable l'intéressera plus que vous.

J'ai téléphoné à un homme, une fois, au début de ma vie de célibataire. Et j'ai réussi à nous embarrasser tous deux. Il a été forcé de trouver des excuses: il me téléphonerait à son retour d'Europe six semaines plus tard. Il ne pouvait pas me téléphoner avant parce qu'il partait dans *deux semaines*, etc. Est-il besoin d'ajouter que je n'ai jamais eu de ses nouvelles et que je me suis sentie idiote! Mais j'ai appris une leçon précieuse que je partage avec vous; ne soyez même pas tentée de téléphoner à un homme après une première sortie!

Quand il vous aura invitée une deuxième, une troisième, une quatrième fois, vous pourrez commencer à croire qu'une relation est en train de s'établir entre vous. C'est le moment de commencer à vous sentir plus libre de lui téléphoner, de l'inviter à partager certaines de vos activités, de commencer à le présenter à vos amis et à votre famille, de l'inclure dans vos réceptions du temps des Fêtes ou peut-être de prendre des vacances avec lui. Je vous fais confiance, vous saurez bien quand ce sera le temps. Et si vous commencez à l'aimer ou à penser que vous ne détesteriez pas l'épouser, c'est le moment de faire partie de sa vie de façon telle qu'une fois habitué à vous et à votre amour, il ne saura plus s'en passer et décidera qu'il vous veut à ses côtés de façon permanente.

Bien sûr, vous pouvez donner à entendre à un homme que vous aimeriez sortir avec lui la première fois. À un homme que vous voyez souvent au travail ou ailleurs, par exemple, vous pourrez toujours dire: «J'aimerais bien vous connaître davantage. Donnez-moi un coup de fil un de ces jours?» ou «Je vais faire du patin à roulettes avec des amis la semaine prochaine. Tu aimerais peut-être venir avec nous.» À partir de ce moment-là, c'est à lui de jouer. Compris?

Et que faire si, à la fin de la soirée, il vous sert cette phrase classique: «Je te téléphonerai demain (ou lundi, ou la semaine prochaine, ou à mon retour de voyage)»? Ne restez surtout pas là à attendre son appel. Vous attendriez en vain. L'écrivain Erica Abeel[1] soutient que c'est un parfait exemple d'un «parler d'homme», un plan de langage que les femmes doivent comprendre. Elle écrit

---

1. In *I'll call you tomorrow, and other lies men tell women*.

que quand un homme dit à une femme «Je te téléphone-rai» il essaie tout simplement d'être gentil au moment de la quitter en fin de soirée. Il le dit peut-être aussi pour pouvoir téléphoner des mois plus tard ou pour s'éviter des problèmes. Elle croit que c'est un «parler» que les femmes devraient apprendre à décoder et que quand un homme propose: «Enfuyons-nous au Brésil», une femme devrait entendre aussi: «s'il ne se passe pas autre chose entre temps»!

P.S. — Sortir, c'est parfois bien compliqué de nos jours et même dangereux financièrement! Dans l'édition du *New York Times* du 26 juillet 1978, on pouvait lire: «Un comptable californien déçu poursuit une femme pour 38 $ de dépenses encourues.» Il estimait que cette femme «n'avait pas fait un 'effort de bonne volonté' pour l'informer du fait qu'elle décommandait le rendez-vous qu'ils avaient pris pour aller d'abord dîner, puis au théâtre avant qu'il quitte San Jose pour aller la rejoindre à San Francisco, quelques cinquante milles au sud.» Le plaignant a expliqué que la femme en question avait eu deux semaines pour lui téléphoner avant leur rendez-vous. Il avait donc calculé ses dépenses comme suit: 17 cents le mille pour un déplacement de 100 milles, deux heures de son temps à 8,50 $ l'heure et les frais de cour. La défenderesse a expliqué au juge qu'elle avait dû décommander le rendez-vous parce qu'elle s'était vue obligée de travailler plus tard que prévu. Le plaignant, lui, a déclaré qu'il avait décidé de poursuivre «parce que c'est un phénomène trop courant, les rendez-vous décommandés.»

Une femme avertie, n'est-ce pas!

Un résumé de mes conseils pour des sorties agréables qui tournent bien:

1. Ne vous inquiétez pas de gâcher un peu les cho-ses au début. C'est possible et ce n'est pas grave.

2. Offrez de le rencontrer quelque part s'il le désire.

3. Accueillez-le en l'embrassant sur la joue.

4. Faites-vous belle!

5. Soyez prête à l'heure convenue.

6. Laissez-le planifier et organiser votre sortie, à moins qu'il ne vous propose quelque chose qui vous est intolérable.

7. Apprenez à savoir écouter.

8. Ne parlez de votre santé, de votre ex ou de vos enfants que s'il vous questionne, et soyez brève.

9. Soyez chaleureuse, prévenante et féminine.

10. Soyez une dame.

11. Montrez-vous affectueuse.

12. Parlez d'une voix douce.

13. Soyez intéressante.

14. Ne racontez pas tout.

15. Si vous n'avez pas de ses nouvelles après une ou deux sorties, ne lui téléphonez pas.

16. Usez de jugement si vous décidez de l'inviter à entrer chez vous ou d'avoir des relations sexuelles avec lui.

17. Si vous décidez d'avoir des relations sexuelles avec un homme, ne le faites que pour combler vos besoins du moment, qu'ils soient sexuels ou affectifs. N'utilisez jamais votre sexualité pour tenter de vous rendre attachante.

Je suis une mère célibataire. Sortir risque de me poser des problèmes particuliers. Pourrions-nous en discuter?
Oui, quand on a des enfants, sortir pose des problèmes spécifiques, et c'est en planifiant davantage qu'on les

surmonte le mieux. Aux États-Unis, 25 pour cent de tous les enfants âgés de moins de dix-huit ans (ou 12 512 000) vivent avec leurs mères en cellules monoparentales, ce qui représente une augmentation de 67 000 enfants entre 1982 et 1983. La plupart des hommes n'auront pas d'hésitations à sortir avec vous; beaucoup de femmes célibataires sont aussi mères, c'est une réalité bien contemporaine.

Vous, c'est autre chose; vous aurez peut-être quelques problèmes. C'est parfois un problème majeur pour une mère célibataire de réussir à quitter la maison pour une sortie. Elle est souvent très occupée, travaille à l'extérieur, entretient son intérieur, aide les enfants à faire leurs devoirs et tente de joindre les deux bouts. Beaucoup de femmes décident de ne pas sortir pendant un certain temps, parce qu'elles n'arrivent pas à se libérer même pour une soirée. Si elles sortent, elles ont moins de temps à consacrer à leurs enfants et moins de temps pour s'occuper d'elles-mêmes. Puis elles doivent dépenser de l'argent, dont elles ne disposent pas toujours, pour se payer une gardienne ou s'habiller. Et quand une sortie tourne mal, c'est frustrant et décevant de savoir, en plus, qu'on s'est sacrifiée en vain.

La plupart des femmes vous diront qu'elles ont quand même besoin de cet élan que leur procurent quelques sorties. Quand on fait quelque chose pour se faire plaisir, c'est plus facile par la suite de faire face à ses responsabilités. Et puis ça fait du bien de recevoir un peu quand on donne tout le temps. C'est là que se situe le dilemme.

Comme d'habitude, c'est la femme qui doit faire des tours de passe-passe dans son quotidien pour tenter de profiter d'une vie normale. Si vous êtes veuve, je n'ai pas à vous apprendre que vous êtes entièrement responsable de vous-même et de vos enfants. Si vous êtes divorcée, votre ex n'a habituellement pas la garde des enfants, il est parfaitement libre de ses mouvements et peut même vivre avec quelqu'un. Mais il s'objectera à vous voir sortir. Il ne voudra pas vous voir emmener des hommes à la maison rencontrer «ses» enfants. Vous serez peut-être inquiète des commérages des voisins s'ils voient des hommes aller et venir chez vous. C'est souvent ces mêmes gens qui encouragent fortement une mère célibataire à sortir de la maison et à se trouver quelqu'un, qui se mettent à la critiquer et à l'accuser de négliger ses enfants dès qu'elle s'intéresse à un homme. Puis il y a les objections des enfants eux-mêmes, surtout pendant deux périodes délicates dans leur développement: quand ils ont entre cinq et sept ans, et au début de l'adolescence. Jolie salade tout ça, vraiment! Les enfants sont capables d'être très jaloux des hommes avec lesquels vous sortez, ou de vos amis, et de vous rendre la vie impossible. Il faut savoir être patiente et tenter de vivre sa vie de façon aussi normale que possible. Vous ne pouvez pas permettre à vos enfants de vous brimer dans votre droit de vivre votre vie. Ne vous laissez pas intimider par eux.

Bien sûr, il y a la question de la sexualité et de ce que vous déciderez de faire. Beaucoup de femmes ne veulent pas que leurs enfants les perçoivent comme des êtres sexuels ou même ayant des besoins sexuels. D'autres estiment que c'est tout à fait normal et naturel, et que les enfants doivent apprendre à accepter la sexualité comme quelque chose qui fait partie de la vie. Les opinions diffèrent, même chez les experts, mais le docteur Ann Ruben, spécialiste en thérapie familiale et infantile, déclarait dans la revue *Singles* qu'il ne serait pas sage de baser vos relations sur les sanctions d'un enfant. Ce serait lui accorder trop de pouvoir. Elle ajoute qu'une mère célibataire qui exige ou qui s'attend à un comportement sexuel approprié de la part de ses enfants doit en donner l'exemple. Elle encourage donc les femmes célibataires à ne pas avoir de relations sexuelles avec des hommes quand les enfants sont dans la maison et elle insiste auprès des parents célibataires qui, selon elle, «doivent tenir leurs relations sexuelles à l'écart de leurs enfants». Elle les encourage à «aller au motel ou quelque part où ils seront en intimité... surtout pour que les enfants ne les voient pas au lit ensemble. L'activité sexuelle d'un parent célibataire ne regarde pas ses enfants. Les parents célibataires ne devraient pas révéler leur activité sexuelle à leurs enfants, quel que soit l'âge de ceux-ci.»

En fait, assurément, beaucoup de femmes se débrouillent autrement. Toutes ne peuvent se payer le luxe d'aller ailleurs pour avoir des relations sexuelles, aussi tentent-elles alors de faire en sorte que leur partenaire quitte les lieux avant le réveil des enfants ou des voisins. Ça pose parfois un problème quand un enfant se réveille et s'amène dans la chambre de sa mère, en pleine nuit. Vous allez devoir trouver la solution qui vous convient, selon vos convictions personnelles, l'âge de vos enfants, le temps dont vous disposez et votre façon de vivre.

Les hommes ne partagent pas tous la même opinion à ce sujet. Certains refusent carrément de dormir chez une femme qui a des enfants. D'accord avec le docteur Ruben, ils préfèrent aller ailleurs pour avoir des relations sexuelles. D'autres ne s'en font pas: ils dorment chez leur amie, acceptant facilement de devoir quitter avant le réveil des enfants. D'autres encore estiment que c'est un peu risqué de la part d'une femme. (Stan est de ceux-là.) Et il y a des hommes insensibles qui ne comprennent même pas pourquoi on devrait s'en faire.

Et qui doit payer la gardienne? Certains hommes paient la gardienne et lui remboursent ses déplacements, si nécessaire. (*Stan:* «C'est ce que j'ai toujours fait.» *Jim:* «Je ne l'ai jamais fait.») D'autres estiment que c'est la responsabilité de la mère et elle l'assume. C'est une question de choix et de point de vue.

Puisque 43% des femmes célibataires et 42% des pères désirent se remarier, il importe de prendre des mesures pour rendre les choses plus faciles. Voici quelques suggestions:

1. Parlez à vos enfants. Expliquez aux plus jeunes que vous avez besoin d'une vie bien à vous. Ils ne

doivent pas croire qu'ils peuvent remplacer les relations adultes dans votre vie. Discutez de vos besoins avec vos enfants plus âgés. Ils seront parfois jaloux, il faut vous y attendre. Faites-leur comprendre que vous êtes plus heureuse quand vous sortez, et dites-leur combien c'est important pour vous. Si votre relation avec un homme les affecte sérieusement, n'insistez pas trop pendant un temps, et rencontrez-vous sur un terrain plus neutre, mais seulement pendant un temps. Les adolescents peuvent être parfaitement désagréables et vous faire honte devant un homme; ils peuvent l'insulter, l'appeler du prénom d'autres hommes, parler des autres hommes dans votre vie (même s'il n'y en a pas), ou suggérer qu'ils aimeraient bien vous voir vous marier. C'est parfois délicat!

2. Quand vous commencez à sortir avec quelqu'un essayez, dans les débuts de votre relation, de le sortir de la maison assez rapidement. Il ne faut pas vous attendre que chaque homme que vous rencontrez développe une relation avec vos enfants. Vous commencerez à tenter de les rapprocher les uns des autres quand votre relation avec quelqu'un deviendra plus sérieuse. Laissez le principe du «besoin de connaître» vous guider. Ne dites rien à vos enfants qu'ils n'ont pas «besoin de connaître» tant que ce n'est pas nécessaire, et ils n'ont pas «besoin de connaître» chaque homme avec qui vous sortez.

3. Vous ne devez à votre ex-mari aucune explication au sujet de vos sorties. Soyez ferme et polie, mais ne lui permettez pas de s'immiscer dans vos affaires. Vous n'avez pas à justifier votre conduite si vous avez l'impression d'agir de façon responsable. Il n'a plus rien à dire dans votre vie à moins que vous ne lui permettiez de le faire.

4. Ne vous montrez pas trop affectueuse vis-à-vis de votre ami devant les enfants. À afficher votre sensualité, vous risquez de créer des problèmes. Il y a souvent une ambivalence chez les enfants face à l'absence du père, et votre affection envers un remplaçant risque de provoquer leur colère. Est-ce vraiment nécessaire?

5. Laissez les enfants assumer plus de responsabilités pour eux-mêmes et dans la maison. À moins qu'ils ne soient très jeunes, les enfants n'ont pas vraiment besoin qu'on s'occupe d'eux sans arrêt comme des petits êtres sans défense. S'ils sont un peu plus indépendants, ils seront plus heureux et vous aussi. Votre maison n'a pas besoin d'être impeccable ni vos enfants parfaits. Laissez-les aider et permettez-leur de développer leur autonomie. Ils y gagneront en assurance et en fierté, et vous aurez peut-être un peu plus de temps pour vous amuser!

6. Demandez de l'aide aux parents et aux grands-parents (s'ils le veulent bien, évidemment!) Laissez les enfants visiter les membres de votre famille. Ça va vous donner plus de temps seule, du temps libre pour vous reposer, voyager ou vivre une aventure. Les grands-parents seront peut-être enchantés, et tout le monde sera plus heureux.

7. Renseignez-vous auprès d'organismes tels que Parents anonymes, Fédération des associations de familles mono-parentales, etc. Vous y rencontrerez d'autres parents dans des situations semblables à la vôtre, et vous pourrez échanger des idées, rencontrer des gens, et participer avec vos enfants aux événements sociaux qu'ils organisent.

Vous trouverez sûrement des solutions qui vous conviendront parfaitement. C'est possible d'être une bonne mère et de se réserver du temps pour soi; mais vous allez devoir vous organiser, faire certains accommodements. C'est important cependant de sortir peu au début pour donner aux enfants le temps de s'habituer à la situation. Un enfant qui vient de subir un chambardement dans sa vie a besoin d'un certain ajustement quand sa mère commence à sortir avec des hommes. Et vous ne pourrez pas sortir tous les soirs puisque vous devez être disponible pour votre famille. Mais avec un peu d'ingéniosité, de planification, d'énergie et d'intelligence, vous pourrez sortir et vivre des relations satisfaisantes avec les hommes. Vous le savez bien, nous les femmes, avons toujours su faire face aux défis. Non?

Bonne chance et amusez-vous bien!

CHAPITRE SIX

L'homme qu'il vous faut

Maintenant que vous sortez, c'est le moment de vous asseoir et de réfléchir à la sorte de mari que vous désirez. Si vous avez lu attentivement le premier chapitre et réfléchi sur ce qui n'allait pas dans votre mariage et sur ce qui vous plaisait ou vous déplaisait chez votre mari précédent, c'est déjà un bon départ. Vous savez ce qui fonctionnait et ce qui ne fonctionnait pas pour vous dans le passé. Regardez bien la femme nouvelle que vous êtes devenue et soyez complètement honnête au sujet de vos besoins. Si, par exemple, vous savez que vous voulez un mari qui a de l'argent, admettez-le sans hésitation; personne d'autre que vous ne le saura. Si votre mari précédent avait une habitude qui vous rendait folle, c'est bien de rêver d'un homme qui ne manifestera pas un tel comportement.

Quand on définit ses attentes, c'est important de ne pas se laisser enfermer dans les clichés de notre époque. Vous préférez peut-être des qualités qui semblent «anciennes» ou bien différentes de ce que désirent beaucoup de femmes de nos jours, et c'est bien. Vous ambitionnez d'être heureuse quand vous vous remarierez, et c'est à souhaiter que vous ayez appris des choses sur vous-même et sur le mariage qui vous empêcheront de répéter certaines des erreurs du passé.

Qu'est-ce que je devrais rechercher chez un second compagnon?

En général, les gens sont plus réalistes la seconde fois. Ils cherchent un ami plutôt qu'une grande passion. Vous avez peut-être cependant des besoins très spécifiques. Si, par exemple, vous avez de jeunes enfants, vous chercherez sans doute quelqu'un qui saura être un parent. Si vous êtes une femme de carrière, vous aurez besoin d'un homme qui comprend votre engagement et qui ne sera pas jaloux ni possessif parce que vous consacrez du temps à votre carrière. Si vous préférez vivre une vie traditionnelle où la femme reste à la maison et que le mari supporte la famille, vous et votre mari devrez partager les mêmes convictions, sinon vous risquez d'avoir des problèmes. Si vous ressentez le besoin d'avoir des enfants, votre compagnon devra désirer avoir une famille. S'il a des enfants, vous devrez être à peu près certaine de pouvoir les tolérer. L'important c'est de déterminer ce dont vous avez besoin pour être heureuse et de trouver quelqu'un en mesure de combler vos désirs.

Mais tout ça n'est-il pas un peu égoïste!

Oui, mais c'est un égoïsme de bon aloi. Vous êtes tout simplement honnête et consciente de vos besoins. Il le faut si vous voulez vivre une bonne relation avec quelqu'un, une relation dans laquelle vous êtes libre d'exceller, d'être généreuse et aimante envers votre compagnon parce que vous savez que vos besoins aussi seront satisfaits. Et c'est possible seulement si vous choisissez bien votre homme.

J'ai demandé à des femmes remariées quelle était leur définition d'un «bon gars». Voici quelques-unes de leurs réponses:

- «Il est compréhensif, prévenant, aimant et ouvert. Il croit en Dieu.»

- «Il est généreux, prévenant, aimant, disposé à régler les problèmes, compréhensif, serviable.»

- «Quelqu'un qui est juste, capable de compassion, honnête, quelqu'un qui accepte un engagement.»

- «Quelqu'un qui répond à vos attentes et qui enrichit votre vie, quelqu'un qui est attentionné, aimant et capable d'être un support moral.»

- «Il est bon, généreux, pas macho, compréhensif envers mes enfants et ma famille, et nos intérêts sont compatibles.»

- «Quelqu'un de sensible, capable de répondre à mes besoins affectifs.»

Comme vous le voyez, certaines qualités reviennent souvent: aimant, compréhensif, ouvert, capable de s'engager dans une relation. Cependant, ce sont des qualités difficiles à trouver chez les hommes. On pourrait même les classer parmi les qualités plus «féminines» auxquelles les femmes ont traditionnellement attribué de l'importance, ces mêmes qualités qu'elles expriment dans leurs relations autant avec les femmes qu'avec les hommes. Les hommes sont plus portés à apprécier la force, l'esprit de compétition, le sens des responsabilités et le fait d'être capable de contenir ses émotions, tout simplement parce qu'on leur a appris à le faire depuis le berceau. Des études ont démontré qu'on exige plus des garçons dès le départ et qu'ils apprennent à faire face à la vie autrement que les filles.

Voulez-vous dire que je devrai me contenter d'un homme «fort et silencieux»?

Pas nécessairement. Si vous rencontrez un homme bon, généreux, compréhensif, ouvert, sensible et capable de pleurer, c'est merveilleux, mais il n'est pas essentiel qu'il possède toutes ces qualités pour être un compagnon de vie satisfaisant, un amant ou un ami. Vous pouvez continuer à partager vos pensées intimes, vos réactions et vos confidences avec vos amies féminines. Mais c'est un mari que vous cherchez, pas un substitut à vos amitiés féminines.

Les femmes citées plus haut n'ont pas trouvé toutes ces qualités chez les hommes qu'elles ont finalement épousés, ce qui ne les empêche pas d'être heureuses en mariage. Pour ma part, j'apprécie bien des choses chez l'homme traditionnel, celui-là même qui ne pleure pas facilement et qui se sentirait bien mal à l'aise de paraître faible; je l'apprécie beaucoup s'il croit aussi qu'il devrait faire face à ses responsabilités et prendre soin de sa femme et de ses enfants. Il croit généralement qu'il devrait être fort et protecteur, il a l'esprit de concurrence et il est quelque peu agressif. Il ne partage peut-être pas ses sentiments facilement, mais il sait écouter et il est capable d'offrir son support ct son encouragement à une femme. Il est fiable. Vous pouvez compter sur lui; il sera là si, par exemple, vous êtes malade, même s'il est incapable d'admettre qu'il a un peu peur et qu'il est inquiet quand vous êtes malade. Donc, ne rejetez pas à priori ce type d'homme.

Mais comment savoir ce qu'un homme est vraiment?

On l'apprend parfois très vite: une conversation, une sortie ou un entretien au téléphone suffisent. N'oubliez pas que la plupart des gens télégraphient ce qu'ils sont. Ne perdez pas votre temps avec un homme qui ne vous va pas, mais que vous pensez pouvoir changer. Si un homme vous dit quelque chose à son sujet, croyez-le! Ne rêvez pas, ne vous racontez pas d'histoires dans le style:

LUI: «Je n'ai jamais pu endurer les enfants. Tous des petits monstres!»

ELLE (se dit): «Mais il ne connaît pas les miens; il les adorera.»

Vous savez, les femmes qui ont des réactions négatives et cyniques envers les hommes se les préparent souvent.

Que cette hâte que vous avez de vivre une relation ne vous empêche pas de voir la vérité. Quand vous rencontrez un homme, analysez-le. Écoutez attentivement ce qu'il dit, regardez-le agir. Observez comment il traite les gens. Fait-il des avances à vos amies, est-il capable de colères épouvantables ou est-il désagréable avec les gens qu'il croit être ses inférieurs? Si, après avoir passé du temps avec lui il vous déçoit à répétition, ne perdez pas des mois en sa compagnie: c'est un mauvais placement. Il se montre à vous tel qu'il est alors que vous essayez peut-être de voir en lui des qualités qui n'y sont pas. Vous irez dire ensuite que les hommes ne sont ni gentils, ni fins, ni attentionnés, quand finalement c'est lui seul qui n'est pas tout ça. Les femmes de notre âge n'ont pas des mois et des années à perdre dans des relations qui ont peu de chances de devenir permanentes. Bien sûr, nous n'allons pas épouser tous les hommes qui font partie de notre vie! Vous savez ce que vous aimez, ce dont vous avez besoin et ce que vous cherchez chez un mari; ne perdez pas votre temps à vous plaindre des manquements des hommes! Trouvez un homme qui satisfasse la plupart de vos besoins et courtisez celui-là.

Mais est-ce que les gens ne peuvent pas changer?
N'oubliez jamais ces deux règles qui ne souffrent pas d'exceptions:

1. Personne ne change son tempérament de base de façon permanente. Ça mérite d'être répété: PERSONNE NE CHANGE DE FAÇON PERMANENTE. Même des gens qui se soumettent à une psychanalyse des années durant ont de la difficulté à changer.

2. Quelque chose qui vous dérange dans le comportement de quelqu'un avant le mariage ne peut qu'empirer après le mariage. N'oubliez pas qu'au moment des fréquentations les gens se montrent sous leur meilleur jour.

Avant même de songer à l'épouser, le trouvez-vous endurable? Bien sûr, vous ne pouvez pas vous attendre qu'il soit parfait mais; ses défauts ne doivent pas vous rendre folle. J'ai formulé un principe, tout simplement celui-ci: CHAQUE HOMME A UN DÉFAUT TRAGIQUE. Même les hommes les plus exquis auront au moins un défaut, une imperfection qui vous contrariera et que vous devrez apprendre à endurer. Les hommes disent la même chose des femmes, mais c'est à leur sujet que j'écris. Voici des exemples de défauts:

Égoïsme

Impuissance

Malpropreté

Avarice

Ne garde pas ses emplois

Manque d'argent

S'habille mal

Paresseux

Tendance à abuser des drogues et de l'alcool

Morne et plat

Obésité

Grossier

Négligé, «traîneux»

Famille affreuse

Ordinaire, terne

Ses enfants sont désagréables

Je sais, j'en oublie. Votre problème c'est de décider quelle faille vous êtes capable de tolérer chez un homme qui, autrement, est parfait pour vous. Si, par exemple, il est aimant, tendre, romantique et «sexy», qu'il aime vos enfants, vous sort souvent, gagne bien sa vie, mais qu'il est malpropre, ne se rase pas et ne se lave pas souvent, pouvez-vous tolérer ça? Ne l'oubliez pas, il ne changera pas! Oh! il changera peut-être un peu, assez longtemps pour vous décider à l'épouser, mais ses vieilles habitudes lui reviendront inévitablement. Ou il est peut-être aimant, généreux, attentif et riche, mais impuissant, pour des raisons physiques ou psychologiques; pouvez-vous vivre avec ce problème et vous contenter de caresses, de tendresses et peut-être de sexe oral? Ou il est peut-être intelligent, intéressant, attentif et un merveilleux amant, mais quatre fois par semaine il boit au point de s'endormir et de ne plus se souvenir le lendemain de ce qu'il a fait ou de ce qu'il a dit; pouvez-vous vivre ainsi? Ou il est peut-être beau, aimant, prévenant et dévoué, mais il change d'emploi tous les trois mois et n'a jamais le sou... Je pourrais continuer longtemps, mais je crois que vous avez saisi. Nous avons tous des goûts et des dégoûts personnels, et l'important c'est de se connaître assez bien pour savoir ce qu'on est capable de tolérer à long terme. Une fois que vous aurez pris une décision, sachant que votre homme ne changera pas, vous pourrez concentrer votre attention et certains efforts à le décider à vous épouser.

Et vous, qu'est-ce que vous cherchiez?
La liste des qualités de mon futur compagnon se lisait à peu près comme suit. Je voulais qu'il soit:

Conséquent

D'humeur égale

Enthousiaste

Grégaire

Intéressé à faire des choses

Capable de compassion

Quelqu'un qui partage mes convictions

Sensuel

Généreux (pas radin)

Ni Don Juan, ni flirt

Quelqu'un à qui je pourrais parler

Financièrement à l'aise

Pas dominateur

En bonne santé

Instruit et informé

Quelqu'un qui a des passe-temps

Affectueux

Intelligent

Quelqu'un qui a le sens de l'humour, qui est un peu bouffon et qui aime le plaisir

Quelqu'un qui aime bien manger et bien recevoir

Propre

D'âge compatible

Capable d'amitié pour mes enfants

Qui n'abuse ni de drogue, ni d'alcool

Intéressant

Ça vous paraît impossible? Mais, j'ai trouvé un homme avec toutes ces merveilleuses qualités. Votre liste sera peut-être différente. Vous désirez peut-être un athlète, un Adonis, quelqu'un qui aime les arts ou la voile, ou un homme tranquille... C'est une question de préférence.

Mais n'existe-t-il pas des types d'hommes à éviter pour qui cherche mari?
Oui. Nous avons discuté du bon gars et des préférences individuelles. Je tiens à vous dire que certains hommes

ont des caractéristiques, des défauts ou des tares qui n'en font pas des compagnons potentiels rêvés. Certaines de ces particularités pourraient, bien sûr, s'inscrire dans la catégorie des «défauts tragiques»; d'autres sont beaucoup plus graves et à éviter pour qui cherche un remariage heureux. Lisez attentivement ce qui suit. Apprenez à reconnaître ces types d'hommes et n'oubliez pas qu'un même homme peut, hélas, figurer dans plusieurs catégories.

Le chauvin: Celui-là ne vous permettra pas de développer votre propre personnalité, il tentera de vous confiner à la cuisine et dans son lit parce que «c'est votre place». Il insistera pour que toute votre vie tourne autour de lui, de sa personne et de ses besoins; vous vous consacrerez à lui. Et puisque vous «n'êtes qu'une femme», ce que vous pensez n'aura aucune importance et il ne manquera jamais l'occasion de vous le rappeler. Vous voulez prendre soin de votre compagnon, vous en occuper, mais vous tenez aussi à ce qu'il vous considère comme un être humain compétent et qu'il reconnaisse que vous avez une intelligence et une vie bien à vous.

L'homme froid: Vous avez besoin de rapprochement et d'intimité? C'est un bien mauvais candidat. Il doit être en situation de contrôle en tout temps; tentez de vous approcher de trop près et vous aurez l'impression de vous frapper contre une porte de métal. Qualité précieuse pour un artiste de la corde raide, fascinant quand il s'agit d'un personnage de fiction mais, dans le quotidien, vous voulez d'un mari qui a un cœur.

L'homme arrêté: Celui-là ne peut tolérer le changement, encore moins l'épanouissement. Si, après le mariage, vous aviez le malheur de changer, ne serait-ce qu'un peu, une idée, une attitude, il vous ferait la guerre, ma foi, jusqu'à ce que mort s'ensuive. Pour lui, tout doit rester exactement pareil et tel quel de façon permanente: il ne peut pas vivre autrement. Rien ne doit bouger.

L'homme boxeur: Aimez-vous la bataille? Aimez-vous le tapage? Les cris? Une vraie bonne chicane? Non? Hélas! Celui-là c'est dans la chicane et dans le combat qu'il est heureux. Vous savez: noir c'est noir, et blanc c'est blanc! Surtout pas de nuances, ça risquerait d'éviter les disputes! Si vous ne tenez pas à ce que votre mariage ressemble à un combat sans arbitre, méfiez-vous de celui-là!

Le petit chouchou de sa maman: Celui-là, vous le connaissez. Il téléphone à sa mère six fois par jour et c'est à se demander s'il va aux toilettes sans se rapporter. «Môman» sera très présente dans vos vies car ce sera essentiel qu'elle approuve chaque petite décision que vous prendrez! Il vous rendra la vie impossible en vous comparant sans cesse à «môman» et, vous le savez bien, vous ne saurez jamais rien faire aussi bien qu'elle. «Môman» vous fera la vie dure parce qu'elle vous perçoit comme une rivale. Au fond, elle aimerait bien, si seulement c'était possible, l'épouser, elle, son petit garçon chéri.

L'éternel volage: Même après le mariage, celui-là tiendra à poursuivre ses activités: échanges, mariages à trois, à quatre, mariages universels et plus encore. Il vivra exactement comme il vivait avant de vous épouser, surtout que maintenant vous êtes là, à la maison, à vous occuper de ses enfants, à faire le ménage et peut-être même à gagner le pain quotidien: il est si occupé! Il vous avertira avant de vous épouser, mais vous ne le croirez pas parce que, au moment où il vous en parlera, vous serez l'unique objet de ses attentions. Ne le confondez cependant pas avec le «parfait coureur»! L'éternel volage aimerait bien vous inclure dans ses activités; il est généreux, lui! Ça ne vous intéresse pas? Sauvez-vous, vite!

L'adorateur: Il vous met sur un piédestal. «Le beau sexe», dit-il. Les femmes sont nobles, chastes et pures! C'est parfois flatteur. Êtes-vous déjà tombée d'un piédestal? Et si ce n'était pas votre cheville que vous entendez craquer, mais plutôt votre mariage!

L'homme qui a des problèmes sexuels: C'est peut-être un homme avec lequel vous êtes totalement incompatible sexuellement, ou quelqu'un qui a peu ou pas de besoins sexuels, quelqu'un que vous soupçonnez d'être homosexuel, ou quelqu'un dont les besoins sexuels «exotiques» vous répugnent. Par exemple, quelqu'un qui aime porter vos vêtements, ça risque d'être très «dérangeant» surtout s'ils lui vont mieux qu'à vous! Je sais, vous vous dites que vous ne vous rendriez quand même pas au pied de l'autel avec un type comme ça; attention, il y a des hommes capables de dissimuler très adroitement les choses. Il vous dira peut-être qu'il veut attendre jusqu'au mariage pour vous posséder, ou qu'il n'en a pas envie depuis un certain temps à cause des problèmes qu'il a avec son patron, son estomac, une dent ou la situation économique... Pour celles d'entre nous qui ont déjà été mariées, il y a peu de raisons de ne pas explorer un peu la sexualité avec un compagnon potentiel. Je vous encourage fortement à surmonter vos inhibitions et à avoir au moins quelque expérience sexuelle avec cet homme que vous épouserez peut-être. Si des convictions personnelles, religieuses ou autres, vous en empêchent, discutez au moins de sexualité et de ses réactions; discutez-en beaucoup et dans le détail. Je n'ai jamais cru au cliché qui dit que c'est au lit que naît le divorce, mais un problème sexuel sérieux peut servir de catalyseur.

L'homme qui abuse des drogues ou de l'alcool: L'alcool est un dépresseur et c'est une drogue. C'est quoi une consommation d'alcool dite normale? C'est quoi un problème d'alcool ou l'alcoolisme? Quand je travaillais en traitement d'alcoolisme, nous avions défini l'alcoolique comme suit: «Un alcoolique c'est quelqu'un pour qui l'alcool pose un problème quelque part dans sa vie: socialement, physiquement, maritalement, spirituellement, émotionnellement, légalement ou dans son milieu de travail.» Vous pourriez vous poser la question suivante: «Sa consommation d'alcool fréquente ou continuelle affecte-t-elle ses relations sociales, son rôle dans sa famille, son travail, ses finances ou sa santé?» Il y a une absence de contrôle présumée; c'est quelqu'un qui ne peut pas s'empêcher de boire. C'est, bien sûr, une définition très large, l'alcoolisme est une maladie, ne l'oublions pas.

Beaucoup d'alcooliques surmontent leur problème en faisant des efforts personnels, en suivant un traitement, en se joignant aux AA. Les experts sont d'avis qu'un alcoolique ancien ne doit plus jamais boire s'il veut rester sobre.

Certains croient qu'il faut boire tous les jours pour être alcoolique, ou qu'un alcoolique c'est quelqu'un qui doit boire un verre le matin pour arrêter de trembler. Ce n'est pas vrai. Un alcoolique peut très bien vivre de longues périodes d'abstention, boire seulement les fins de semaines ou même une seule fois par année. Le facteur important c'est la perte de contrôle et les conséquences de la consommation d'alcool. Si quelqu'un ne boit qu'une fois par année, mais que cette fois-là il perd le contrôle au point d'avoir un accident, de battre sa femme ou de perdre son emploi, il a un sérieux problème d'alcool. Pour vour renseigner et vous aider à déceler cette maladie, voici une liste de comportements «avertisseurs[1]»:

1. Il a tendance à boire pour résoudre ses problèmes personnels.

2. L'alcool a une grande importance dans sa vie; il y pense, il planifie ses activités en fonction de l'alcool.

---

1. Tiré de *Understanding and counceling the Alcoholic* de Howard Clinebell, Jr.

3. Il a besoin de boire pour se sentir à l'aise socialement, pour se donner du courage.

4. Pour boire, il dépense l'argent dont il a vraiment
besoin pour survivre.

5. Il est sur la défensive au sujet de l'alcool; combien il boit, quand il boit.

6. Il boit très vite ou il boit en secret.

7. Il boit le matin parce qu'il a trop bu la veille ou
pour se donner de l'énergie pour faire face à sa
journée.

8. Il perd la mémoire quand il boit.

9. Il se sent bien et «normal» seulement quand il a
consommé de l'alcool.

10. Parce qu'il boit, il a des problèmes de santé, des
problèmes familiaux, sociaux ou des problèmes
au travail.

11. Sa façon de boire va à l'encontre de la norme
dans son groupe social.

En ce qui concerne les drogues, qu'il s'agisse de tranquil-
lisants, de marijuana, de sédatifs, d'héroïne, de cocaïne
ou de médicaments prescrits, quand quelqu'un en abuse,
sa vie s'en trouve bouleversée. Et si vous l'épousez, vous
n'aurez pas la vie facile. La plupart des «comportements
avertisseurs» mentionnés au sujet de l'alcool s'appli-
quent aussi à l'abus des drogues. Leurs effets sont parfois
plus subtils, plus difficiles à déceler cependant, il n'y a
pas toujours de signes évidents, comme l'odeur de l'alcool, par exemple.

Apprenez à reconnaître les signes d'abus d'alcool et
de drogues. Un alcoolique ou un drogué sevré peut vivre
sa vie entière sans retomber dans l'abus, faire un mari et
un père merveilleux, mais vous méritez d'être en mesure
de prendre une décision informée avant de l'épouser.

Le joueur compulsif: Dès qu'il s'agit de jouer, celui-là perd tout contrôle. Il vendra n'importe quoi, suppliera, empruntera, volera même et privera sa famille pour avoir de l'argent à jouer. Il s'attend toujours à gagner «le gros lot», et même s'il le gagnait, il le perdrait aussitôt. Vivre avec un tel homme, c'est vivre une série de chicanes et de privations, et les chances de succès sont bien minces à moins qu'il n'aille chercher de l'aide au sein d'une association comme les Joueurs Anonymes pour apprendre à contrôler ce comportement compulsif.

Le syndrome d'Othello ou le jaloux pathologique: Celui-là souffre d'une très grande insécurité, il est peut-être même sérieusement malade mentalement. Souvent la jalousie n'est qu'un symptôme de sa paranoïa. Au début vous serez flattée de son attention; mais épouser un homme pareil ça peut devenir l'enfer. Il est paranoïaque au sujet de tous les hommes à qui vous parlez et de ceux à qui il croit que vous parlez, et il peut fort bien vous accuser de toutes sortes de comportements sexuels exotiques avec tout le monde, même avec le laitier ou le curé. Tout ce que vous faites éveille sa méfiance et il pourrait même tenter de vous empêcher de fréquenter votre propre famille parce qu'il vous veut entièrement à lui. Avec le temps, vous risquez de devenir prisonnière chez vous. C'est un comportement maladif qu'il faut apprendre à reconnaître, et si vous le décelez chez un homme qui vous intéresse, sauvez-vous. (Il leur arrive même parfois d'assassiner leur femme parce que, malades, ils arrivent à se convaincre que leur femme est une putain et qu'elle le mérite.)

Le «workaholic»: Mais, me direz-vous qu'est-ce qu'on peut reprocher à un homme qui travaille fort pour sa famille? Vous serez sans doute très heureuse avec celui-là si vous cherchez le confort matériel et que l'idée de passer de longues heures seule, souvent, vous enchante. Ou, si vous êtes comme lui, c'est parfait. Certains théoriciens commencent d'ailleurs à décrire ce personnage de façon plus positive, mais si vous cherchez un compagnon avec qui dîner et prendre de longues marches reposantes après le repas, celui-là n'est pas votre homme. Vous marcherez seule pendant qu'il travaille encore; sa vraie maîtresse, c'est son travail. Bien sûr, il s'interrompra le temps de vous faire la cour, mais il retournera bien vite à ses habitudes; vous ne passerez pas la première longtemps. Ce n'est peut-être pas le pire de tous les défauts, mais vous vous sentirez privée et bien seule. Je me répète; apprenez à connaître vos besoins pour vous éviter des problèmes.

Le patron: Vous aimez qu'on vous surveille? Ça vous plaît de ne jamais rien avoir à dire quand une décision se prend? Vous aimez vous faire mener par le bout du nez? Alors vous adorerez le patron. Cet être charmant satisfera tous vos besoins. Il vous dira quoi faire, quoi porter, comment dépenser votre argent, comment vous coiffer, quand laver le plancher, comment organiser la maison, qui devraient être vos amis, où vous devriez travailler, comment vous devriez élever les enfants, où vous devriez passer vos vacances, ad nauséam. Ai-je assez parlé de lui?

L'éternel jeune homme: Il a pourtant l'air adulte. Méfiez-vous, c'est un air. Il boude, fuit les problèmes, n'en fait qu'à sa tête, veut tout, tout de suite et il a probablement des sautes d'humeur. Il n'a aucun sens des responsabilités. L'argent? Il n'en a pas; il le gaspille ou il change souvent de travail. Et c'est toujours la faute du patron quand il perd son emploi. Il est toujours plus brillant que ce patron qui ne comprend rien.

Il préfère les femmes plus âgées qui travaillent et en trouve toujours une capable de le faire vivre. Il est souvent adorable et très aimant, et sait donner beaucoup d'amour et d'attention à une femme. En retour, il sait se faire gâter, chouchouter, se faire donner de l'argent ou accorder des «prêts», et c'est parfois bien difficile de s'en défaire quand une femme en a assez de jouer à la mère. Il s'infiltre tout doucement chez une femme: une chemise, puis une paire de bottes, son système de son, puis le reste de ses choses. Et il sait si bien se faire servir. Si vous avez une servante, je parie qu'elle fera sa lessive. Il sait bien pleurer, il a beaucoup de talent; et vous vous sentirez si coupable le jour où vous aurez décidé de lui demander de quitter les lieux.

Une femme dont le sens maternel est très développé peut parfois être heureuse avec ce type d'homme, mais c'est rare. Avec le temps, elle se fatigue du charme enfantin de «l'éternel jeune homme» et se prend à rêver de vivre avec un homme capable de maturité. Préparez-vous, ma chère; après son départ, on vous téléphonera pendant des mois. Oui, il doit de l'argent à beaucoup de monde.

L'hypocondriaque: Bien sûr nous avons tous des petits malaises de temps à autre, mais l'hypocondriaque, lui, s'en nourrit. Il est constamment au bureau du médecin, mais il est rarement malade. C'est un comportement d'ailleurs inconscient, une façon d'aller chercher de l'attention. Ça risque d'être bien difficile à vivre dans un mariage, à moins que vous ne soyez bien généreuse et bien maternelle, et que ça ne vous ennuie pas de l'entendre se plaindre sans arrêt de ses petits malaises. Êtes-vous très patiente? Parce que c'est difficile, à long terme, de ne pas se mettre à lui en vouloir.

Le névrosé: L'homme qui souffre de névroses sérieuses, de phobies paralysantes, d'états d'anxiété ou de cycles dépressifs est un bien gros risque marital. Il se peut qu'il soit parfaitement incapable de fonctionner dans le monde ou au travail pendant de longues périodes. Et de temps à autre, il aura peut-être besoin d'être soigné, d'entrer en thérapie, d'être médicamenté ou hospitalisé. Bien sûr, on peut aimer un névrosé et avoir beaucoup de compassion pour lui, mais en tant que compagnon de vie il risque de vous drainer émotionnellement et financièrement, et vous serez peut-être bien malheureuse. On rencontre parfois des femmes qui, pour se sentir fortes et efficaces, ont besoin d'un partenaire faible qui exige beaucoup d'elles, et qui arrivent à vivre avec ce type d'homme. Ce genre de mariage reste un bien mauvais investissement.

Le sociopathe: C'est généralement un être charmant (oui!) dont le développement s'est arrêté; il n'a aucune sensibilité. Incapable de se sentir coupable, il n'a aucune conscience du mal qu'il fait aux autres. Il ment comme il respire, et les notions du bien et du mal lui sont totalement étrangères. Mais il a souvent beaucoup de charme et c'est très facile de se laisser séduire par lui. Allons, un peu d'intuition! Ses mensonges vous apprendront à le reconnaître. Méfiez-vous!

Le radin: Il y a une nuance entre la frugalité et l'avarice bête. Celui-là sait comment couper les sous en quatre, il a les bras courts et les poches très profondes. Quand il sort, ce n'est pas lui qui paie. Il prend beaucoup plus qu'il ne donne. Si vous l'épousez, vous ne vous amuserez pas beaucoup, il ne vous permettra jamais de dépenser de l'argent pour des choses «frivoles». Et s'il s'agit de votre argent, il trouvera moyen de vous apprendre à le dépenser sagement, soyez-en certaine. Si vous ne travaillez pas à l'extérieur ou si vous n'avez pas beaucoup d'argent, vous vivrez un enfer avec le radin. Il ne vous laissera jamais acheter quoi que ce soit spontanément et ne vous donnera de l'argent que si vous êtes en mesure de justifier vos dépenses jusqu'au dernier sou.
L'envers de la médaille, et tout aussi dangereux, c'est le personnage qui suit:

Le dépensier: L'extravagance, vous connaissez? Celui-là est l'ami de tout le monde. Il les emmène tous déjeuner, dîner ou prendre un verre, prête de l'argent à qui le lui demande, donne des tonnes de cadeaux, et c'est toujours lui qui paie. TOUJOURS. C'est adorable, jusqu'au moment où ce genre de comportement vous prive, vous et vos enfants, de l'essentiel. Vous devrez probablement le supplier pour qu'il vous donne de quoi faire l'épicerie ou chausser les enfants. Parce que, voyez-vous, ce n'est pas qu'il soit si généreux, c'est qu'il s'aime si peu qu'il a l'impression de devoir acheter l'amour et l'affection des autres.

Le violent: Sauvez-vous à la course et aussi vite que vous le pouvez. Fuyez cet homme qui lève la main sur vous, même s'il s'en veut après, s'il se sent coupable et qu'il s'excuse. Même s'il a pris de l'alcool, un homme n'a jamais d'excuse quand il frappe une femme; je me répète, jamais. Celui-là ne changera pas après le mariage, ne vous racontez surtout pas d'histoires. Non, votre affection et votre amour ne l'aideront pas à changer. Non. Et il sera probablement pire après le mariage. Si vous épousez un homme violent, vous risquez de vous emprisonner à vie; il ne vous laissera jamais lui échapper sans que vous ayez à craindre pour votre vie ou celle de vos enfants. C'est très, très sérieux, et je vous en supplie, méfiez-vous d'un homme violent même s'il est gentil et aimant quand il n'est pas violent.

Le chercheur d'or: Je n'aime pas être cynique, mais ça existe encore des hommes qui cherchent une femme qui a de l'argent, et qui sont prêts à tout pour lui faire la cour et la conquérir. Même si vous n'êtes pas riche, vous avez peut-être reçu une somme d'argent à la mort de votre mari ou après le divorce. Quand on se sent seule et qu'on a besoin d'affection on est parfois bien vulnérable et une proie facile pour des hommes charmants qui «temporairement, n'ont pas d'argent comptant» et qui ont besoin d'un prêt en attendant que cette importante affaire à laquelle ils travaillent aboutisse. Vous découvrirez peut-être que quand vous n'aurez plus d'argent, il aura disparu de votre vie. Je vous encourage à la prudence et au sens commun; ce n'est pas facile de se retrouver sans le sou. C'est arrivé à une de mes amies après son divorce. Elle a aidé son nouveau mari à partir trois commerces qui ont d'ailleurs tous échoué. Quand elle n'a plus eu d'argent à investir dans les entreprises de son mari, il est disparu.

Bon. *Me voici informée et avertie, mais qu'est-ce qui arrive une fois que j'aurai trouvé mon «bon gars»? Comment faire pour nous retrouver mariés? Et si je ne suis pas follement en amour avec lui?*
Une fois que vous aurez rencontré l'homme qui satisfait la plupart de vos besoins et dont vous pourrez accepter les défauts, vous pourrez commencer à travailler votre relation. C'est le moment de décider si vous voulez vraiment l'épouser. Vous êtes la seule à pouvoir décider si vous voulez de lui, pas votre famille, ni vos enfants, ni votre mère, ni votre meilleure amie. Ne vous inquiétez pas, ils vous diront tous ce qu'ils en pensent. C'est vous que vous devez écouter.

Ce n'est pas essentiel d'être follement en amour. Les gens se sont toujours mariés pour toutes sortes de raisons et dans toutes sortes de circonstances. Bien sûr, quantité de gens se marient par amour et nous aimerions croire que c'est toujours le cas. Mais l'amour n'a jamais été qu'une des raisons pour lesquelles on décide de se marier. Voici une liste des véritables raisons pour lesquelles les gens se marient, et pas nécessairement par ordre d'importance:

Pour se faire vivre.

Pour avoir une femme de ménage, une secrétaire, une mère ou un père.

Pour pouvoir dire qu'ils se sont mariés.

Pour prouver quelque chose au reste de l'univers.

Pour le sexe, facilement disponible.

Pour ne plus être seuls.

Pour plaire à leurs parents.

Pour l'argent.

Pour le prestige.

Pour le pouvoir.

Pour promouvoir leur carrière.

Pour consolider des alliances d'affaires ou des alliances politiques.

Pour se venger d'un ancien amant.

Pour sortir de la maison familiale.

Pour devenir citoyen canadien.

Parce que leurs enfants ont besoin d'un père ou d'une mère.

Parce qu'ils croient que c'est leur seule chance.

Pour avoir des enfants.

Parce que quelqu'un les aime.

Parce qu'ils se sentent poussés par la famille et la société.

Eh oui! aussi parce qu'ils sont en amour.

Mais vous semblez cynique au sujet de l'amour!

Pas du tout. Mais ce sujet de l'amour et du mariage est si riche en légendes et en folklore. Nous savons tous que les gens mariés ne sont pas les seuls à aimer, mais il reste la ferme conviction que l'amour et le mariage sont indissociables. La coutume de se marier par amour est pourtant loin d'être universelle. Souvenez-vous des Rothschild qui ne s'épousaient qu'entre cousins pour garder leur fortune dans la famille, et toutes ces familles royales à travers le monde qui «arrangeaient» des mariages qui n'avaient rien à voir avec l'amour. Dans plusieurs sociétés, l'amour est le résultat du mariage, pas sa cause; et dans les sociétés où l'homme et la femme sont économiquement dépendants l'un de l'autre, on insiste beaucoup moins sur l'amour. L'amour est plus important dans les sociétés contemporaines occidentales qu'il ne l'a été historiquement ou qu'il ne l'est ailleurs.

C'est Cole Porter qui demandait: «Mais quelle est cette chose qu'on appelle l'amour?» Le grand psychologue Théodore Reik définissait l'amour comme une absence, un manque intérieur. Il disait que l'amour commence par une insatisfaction inconsciente avec nous-mêmes, souvent ressentie comme une insatisfaction face à la vie. On trouve une personne dont on croit qu'elle possède toutes les excellentes qualités qui nous manquent, et qui nous semble autosuffisante, contente d'elle-même. Quand nous tombons en amour, nous perdons cette insatisfaction de nous-mêmes et nous nous sentons comblés dans notre amour en faisant de cette personne une part de nous-mêmes, et nos sentiments d'insatisfaction sont remplacés par un sentiment d'exultation. Si l'insatisfaction de soi est profonde, la passion provoquée par l'objet d'amour n'en sera que plus forte. Ainsi, dit Reik: «Tomber en amour ressemble à un sauvetage; tomber en amour ramène quelqu'un dans une sécurité affective comme quand on empêche quelqu'un de se noyer.» Cette théorie expliquerait aussi le désenchantement qu'on ressent quand on apprend à connaître quelqu'un et qu'on découvre qu'il n'est qu'un pauvre être humain pareil à nous.

Pas très romantique sous cet aspect, n'est-ce pas? Ceux qui sont jeunes et qui manquent de maturité seraient plus aptes à tomber en amour dans le sens que souligne Reik, parce que leur amour-propre n'est pas encore très affirmé et qu'ils ont peut-être de plus grands sentiments d'insatisfaction. Une personne plus mûre, plus sûre d'elle-même, n'a peut-être pas besoin d'être «sauvée» et serait capable d'aimer pour les bons motifs.

À mon avis, le psychanalyste Harry Stack Sullivan exprime fort bien ces «bons motifs» dans la définition qu'il donne de l'amour: «Quand la satisfaction ou la sécurité de l'autre deviennent aussi signifiantes que les siennes propres, alors l'état d'amour existe.» C'est cette définition qui correspond le mieux à l'idée que je me fais de la sorte d'amour qu'on devrait ressentir pour un compagnon potentiel. De l'amour certes; un amour qui implique une affection mutuelle et un engagement, et une acceptation de la vraie vie et de ses exigences. C'est vouloir aider quelqu'un à vivre plus heureux et améliorer la qualité de sa propre vie.

Voici les commentaires de femmes remariées et heureuses; elles nous racontent pourquoi elles ont choisi leur second mari:

«J'en avais assez des hommes indifférents. Je voulais quelqu'un capable d'affection envers moi. En retour, j'étais prête à tout donner à quelqu'un qui serait aimant avec moi. Jack est extraordinaire et il comble mes besoins affectifs. Il est mal à l'aise si je pleure, mais il ne tente pas de m'arrêter. Il me prend dans ses bras et il attend que ma crise passe. J'aimerais parfois qu'il prenne davantage soin de lui-même et qu'il s'arrête un peu, mais je sais que c'est difficile pour lui de changer. Bien sûr, nous avons des problèmes, mais nous faisons équipe. Il n'est pas le plus bel homme du monde, mais il était si bon, si gentil que je me suis mise à l'aimer.»

«Mon premier mari avait mauvais caractère et on ne savait jamais à quoi s'attendre avec lui. Il fallait toujours faire attention, marcher sur la pointe des pieds à la maison, au cas où monsieur serait d'humeur massacrante. Mon nouveau mari est ouvert, agréable; surtout, il est d'humeur égale. Bien sûr, il lui arrive de se fâcher ou d'être fatigué, mais il ne s'en prend pas à moi. Il fait une sieste ou il sort jouer au tennis. Un homme qui ait bon caractère, c'était très important pour moi.»

«Veuve, j'avais l'impression que je ne rencontrerais jamais personne d'aussi extraordinaire que mon premier mari. Nous avions beaucoup voyagé ensemble, beaucoup reçu. Quand j'ai rencontré Fred, j'étais méfiante parce que j'avais l'impression qu'il s'intéressait trop à moi, trop vite. Il était si prévenant, trouvait toujours moyen de me plaire ou de plaire à mes enfants. Il avait désespérément besoin d'amour et d'affection, et il a su éveiller mes instincts maternels. Il est totalement différent de mon premier mari et je l'aime. J'ai su que je voulais l'épouser quand il a dû partir en voyage d'affaires; il me manquait tant. Je mène une vie bien différente maintenant; il m'a fait découvrir la nature, le golf. Nous sommes mariés depuis trois ans et j'en suis bien heureuse.»

«Quand j'ai rencontré Léo, je n'en pouvais plus de ma petite routine. Toujours la même chose, jour après jour; le travail, la maison, les enfants, la télé, le souper. Les hommes que je rencontrais ne voulaient pas s'intéresser à une femme qui a des enfants; ils voulaient rester libres, ne pas s'engager. Léo, lui, n'a pas eu peur de me montrer qu'il était capable d'affection envers moi et mes enfants. Il n'est pas riche, il travaille dur et ses heures sont longues, mais nous sommes heureux. Il ne plairait peut-être pas à d'autres, il a une bedaine et ne s'habille pas très bien, mais il est bon comme du bon pain et c'est l'homme le plus amusant que je connaisse. Il a toujours su me faire rire.»

«Je suis avocate et mon nouveau mari n'est pas un professionnel. Il aime bien que sa femme le soit et ne me reproche jamais mes horaires de travail. Il tente de me rendre la vie plus facile quand il le peut. Il ne fait ni le ménage, ni l'épicerie, ni la cuisine, mais il n'exige pas que je le fasse, moi. Nous mangeons souvent au restaurant et j'ai une femme de ménage. Ses enfants vivent avec son ex-femme, et parce que je suis très prise professionnellement, je ne lui en veux pas du temps qu'il passe avec eux.

Quand nous sommes ensemble nous ne nous ennuyons jamais, et même s'il lui arrive d'être un peu «macho», il m'aime et il m'encourage, et c'est ça qui compte.»

Mais vous ne m'avez toujours pas dit comment le décider à m'épouser!

J'y viens, même si Dorothy Dix disait, dans les années trente: «Il y a deux choses qu'une femme ne confie jamais; son âge et comment elle a convaincu son mari de l'épouser.»

Une fois que vous avez rencontré un homme qui vous intéresse et que vous voyez régulièrement, il est temps de commencer à travailler votre relation. Vous vous voyez parce qu'il y a un rapport et une entente entre vous. Ne l'oubliez pas. N'oubliez pas non plus que les hommes aiment autant être mariés que les femmes, peut-être même davantage. Comme je le disais dans le premier chapitre, des études ont démontré que les hommes mariés sont plus heureux et plus en santé que les hommes céliba-taires; on y a démontré aussi que les femmes célibataires sont plus heureuses que les hommes célibataires. Ceux-ci ont autant besoin de nous que nous avons besoin d'eux. Les bonnes choses du mariage leur manquent: une pré-sence quand ils rentrent à la maison, quelqu'un avec qui manger, quelqu'un qui soit bien à eux, quelqu'un avec qui dormir, avec qui parler de ses problèmes, quelqu'un qui soit tout simplement présent. C'est généralement dans les trois ans qui suivent la brisure de son mariage qu'un nouveau célibataire découvre que les bonnes cho-ses du mariage lui manquent, et la plupart des hommes mettent de trois à cinq ans à se remarier.

Il y a toujours une phase d'expérimentation après un divorce et c'est important que, tous deux, vous ayez dépassé cette période. Si vous ne rencontrez pas un homme au bon moment pour vous ou pour lui, il ne sera peut-être pas prêt à s'engager quand vous l'êtes ou vous ne serez peut-être pas disposée à vous aventurer quand lui l'est. Le divorcé récent est un bien mauvais investissement. Être la première ou la deuxième femme dans sa nouvelle vie de célibataire mène rarement au mariage. C'est le connaître à un moment où il est encore intéressé à vivre les plaisirs de sa vie de célibataire et il aurait l'impression de passer à côté de quelque chose s'il s'engageait trop vite envers une seule femme. Il en est ainsi pour vous, vous le savez bien.

Dans les deux ans qui ont suivi mon divorce, j'ai rencontré plusieurs hommes qui auraient fait d'excellents maris, mais à ce moment-là je n'étais pas prête à penser à me remarier. Même, ça me déprimait d'y penser. J'étais encore très bien dans ma solitude et dans ma liberté nouvelle. Bien sûr, j'ai rencontré des hommes qui étaient au même stade que moi mais j'en ai aussi connu qui, eux, étaient prêts pour le mariage.

Le premier homme avec qui je suis sortie après mon divorce était un homme d'affaires bien connu. Il était amusant, intéressant et avouait carrément qu'il «magasinait» pour se trouver une femme. Veuf depuis cinq ans, il était fatigué de sa vie de célibataire et voulait partager sa vie avec quelqu'un. Moi, de mon côté, je n'avais même pas encore quitté la maison que je partageais avec mon ex-mari, je ne savais pas où je m'en allais, ni comment on se sent quand on est soudain libre et célibataire; je ne cherchais certainement pas à m'attacher à un seul homme. Nous nous aimions beaucoup et nous nous sommes vus souvent pendant trois mois, mais ça ne pouvait pas marcher. Éventuellement il a rencontré quelqu'un qui était au même stade que lui et ils se sont épousés.

C'est à parler avec d'autres hommes et d'autres femmes que j'ai découvert l'importance du «moment». C'est un des éléments les plus importants, peut-être le plus important; qui nous rencontrons et ce, à quel moment dans notre vie, et qui nous épousons.

Si vous arrivez à attraper mon mari quand il est un peu sérieux, il vous dira peut-être que la principale raison pour laquelle il était encore célibataire à cinquante-deux ans c'est qu'il ne voulait pas se marier. Et quand il lui arrivait de vouloir et de se sentir prêt au mariage, l'autre ne l'était pas; quand l'autre personne l'était, monsieur ne l'était plus. Je crois que quand un homme est prêt au mariage, peu importe qui se trouve dans sa vie à ce moment-là; si elle veut l'épouser, c'est elle qu'il épousera. Même deux personnes faites l'une pour l'autre finiront par s'éloigner l'une de l'autre si elles ne se sont pas rencontrées au bon moment.

Si vous et l'homme que vous fréquentez vous vous êtes rencontrés au bon moment dans chacune de vos vies, vous pouvez commencer à faire des efforts pour le décider à vous épouser. Je vous ai déjà dit que les besoins des hommes et des femmes sont plus semblables qu'ils ne sont différents. Songez à ce que vous aimez chez un homme et tentez de lui rendre la pareille. Ce que j'aime chez un homme c'est l'affection, la considération, la générosité, la sensualité, la propreté, l'intelligence, l'esprit et la loyauté; alors j'ai essayé d'être tout ça en retour.

Pourriez-vous être plus précise?
J'ai besoin du mode d'emploi, moi!
Bien sûr. Soyez attentive. Prenez soin de lui. Préoccupez-vous de son confort et de son bien-être dans les limites du temps dont vous disposez. Mettez-le à son aise chez vous. Intéressez-vous à ses problèmes, encouragez-le dans ses projets. Versez la crème dans son café, massez-lui le dos.

Je vous entends déjà protester: «Et moi? Qui va prendre soin de moi? Je travaille au moins aussi fort que lui, sinon plus.» Vous savez quoi? Quand vous faites ces petites choses pour votre homme, il vous rend la pareille. Vous serez surprise de voir combien votre homme vous gâtera si vous savez le faire la première.

Attention: ce n'est pas un concours! Ne marquez surtout pas les points. Vous êtes gentille et généreuse parce que vous en avez envie. C'était mon cas, et chaque homme avec qui j'ai passé du temps m'a traitée avec la même considération en retour. Ils m'ont tous emmenée manger même quand j'offrais de faire la cuisine, m'ont fait la cuisine, m'ont aidée à boucler mes souliers, m'ont massé le dos, aidée dans mon travail quand ils le pouvaient, acheté des cadeaux, emmenée en voyage ou magasiner; il y en a même un qui m'a rasé les jambes! Je ne crois pas que mon expérience soit unique ou que je sois spéciale ou différente de vous.

Attention, ma chère; si vous faites tout ça seulement pour «attraper» votre homme et non parce que vous en avez vraiment envie, ça devient de la manipulation pure et simple, et il saura que vous êtes fausse. Nous parlons bien d'un homme pour qui vous avez de l'affection, d'un homme que vous voulez épouser et dont vous voulez prendre soin de façon permanente. Il y a une nuance!

C'est beaucoup. Quoi d'autre?

L'important, c'est de ne pas être tout le temps celle qui prend ou qui reçoit. Donnez, de temps à autre. S'il vous a beaucoup sortie, faites-lui parfois la cuisine. Achetez un bon vin, préparez-lui son plat préféré. Achetez-lui des cadeaux, si vous pouvez vous le permettre. Il a peut-être besoin d'une belle robe de chambre, même d'une robe de chambre qu'il pourrait porter quand il est chez vous, ou d'un bol à salade présentable, il parle peut-être d'un disque ou d'un livre qu'il aimerait; faites-lui-en la surprise! Et n'oubliez pas son anniversaire. Demandez-lui ce qu'il aimerait faire, invitez-le, faites-lui la fête; invitez ses amis et ses enfants. Aidez-le dans son travail si vous avez des contacts qui pourraient lui être utiles. S'il se cherche du travail, aidez-le à en trouver. Mais ne vous mêlez pas de ses affaires à moins qu'il ne vous le demande. Les hommes n'aiment pas les femmes qui se mêlent de leurs affaires ou qui leur disent comment faire leur travail. Soyez subtile surtout, bien des hommes n'aiment pas les femmes qui exagèrent quand elles s'occupent d'eux.

Ne l'étouffez pas. N'exigez pas de savoir où il est vingt-quatre heures sur vingt-quatre; ne le questionnez pas. Ne lui téléphonez pas sans arrêt. Qu'il sache qu'il aura encore de l'espace et de l'autonomie après votre mariage et que vous n'êtes pas trop dépendante. Il s'inquiète peut-être de perdre sa liberté, montrez-lui qu'il sera libre de poursuivre ses intérêts après votre mariage. Ça exclut, bien sûr, les autres femmes! Ne vous imposez pas dans sa vie. Accordez-lui le même respect que vous seriez prête à accorder à n'importe lequel de vos amis. N'allez jamais chez lui sans téléphoner d'abord; vous n'aimeriez pas qu'il vienne chez vous sans s'annoncer. Ne téléphonez pas à ses amis pour les questionner à son sujet ou pour leur demander ce qu'il fait.

Restez autonome jusqu'au mariage. Occupez-vous de vos affaires et de votre survie; c'est votre responsabilité. S'il passe beaucoup de temps chez vous et qu'il mange souvent chez vous, c'est bien de vous attendre qu'il paie sa part. Ce n'est pas juste qu'il n'ait pas de dépenses pendant que vous le nourrissez, que vous le chauffez et que vous l'éclairez, à moins que vous ne soyez riche. Si votre femme de ménage fait sa lessive, qu'il la paie pour ce service. Si vous portez ses vêtements chez le teinturier, laissez-le vous rembourser. Si vous avez des enfants et qu'il veuille les sortir ou leur acheter des choses, c'est bien. Ne soyez surtout pas cupide; vous savez, ce genre de femme qui ne rate jamais une occasion de suggérer subtilement qu'elle a besoin d'aide. S'il est un peu sensible, il verra bien si vous avez besoin de son aide et il vous l'offrira. À vous de décider si vous voulez accepter ou non.

Sachez devenir indispensable dans sa vie. Les hommes sont des créatures d'habitudes et ils adorent leur confort. Tôt ou tard il s'habituera à vous et à vos façons d'être aimante. Peu à peu, avec le temps, après avoir mangé avec vous, parlé avec vous, dormi avec vous, son lit et sa maison lui paraîtront vides sans vous. Encouragez-le à vous confier ses ennuis et à discuter avec vous quand il a des décisions à prendre. Qu'il comprenne que vous ne serez pas un poids pour lui, mais que vous voulez partager les problèmes et les responsabilités qui viennent avec le mariage. Beaucoup d'hommes persistent dans le mariage longtemps après avoir cessé d'aimer leur femme, et souvent même alors que leur femme ne leur plaît plus. Ils restent tout simplement parce qu'ils apprécient la routine et le confort de leur vie, et qu'ils détestent le changement. Le sachant, efforcez-vous d'en profiter! Devenez familière, mais pas assommante. Vous éviterez de devenir ennuyeuse si vous continuez de vivre cette vie intéressante que vous vous êtes créée en tant que femme célibataire.

L'esprit et le sens de l'humour ont aussi leur rôle à jouer. Soyez spontanée. Un peu d'imprévu: qu'il ne sache pas toujours exactement à quoi s'attendre. Et surtout, n'ayez jamais l'air d'une pauvre désespérée; les hommes n'aiment vraiment pas. Le meilleur moyen, et je sais que je me répète, c'est d'avoir une vie intéressante, bien à vous.

Si vous ne vous objectez pas aux relations sexuelles avant le mariage, devenez une amante merveilleuse. Apprenez à lui plaire, et soyez généreuse dans le plaisir que vous donnez à l'homme le plus important dans votre vie. C'est maintenant qu'il faut explorer ensemble votre sexualité, et découvrir tous les plaisirs érotiques qu'il est possible de se donner avec un partenaire aimant.

S'il vous propose de voyager avec lui, je crois que vous devriez l'accompagner, excepté s'il s'agit de voyages d'affaires. S'il vous propose de l'accompagner dans une convention, je vous conseille de ne pas le faire. J'ai escorté Léonard une fois à une de ces conventions et j'ai rencontré beaucoup de ses amis et de ses collègues. Parlant des femmes qui se trouvaient là, je les entendais se dire entre eux: «Ah, celle-ci a couché avec un tel.» «C'est sa blonde, ils voyagent ensemble depuis des années.» Et le ton n'était pas très flatteur. Ce qui me déplaisait davantage, c'était d'entendre mon mari, qui n'était alors que mon ami, participer à ce genre de commérages avec autant de plaisir. J'ai décidé, à partir de ce moment, que je ne l'accompagnerais plus dans des voyages d'affaires, mais seulement dans des voyages de plaisir où nous ne risquions pas de rencontrer ses collègues.

Devinez-vous ce qui est arrivé? Il n'a plus participé à des conventions où je refusais de l'accompagner. Il en aurait eu envie, mais il ne voulait pas y aller sans moi. Et qui sait, ça l'a peut-être aidé à se décider à m'épouser! Vous vous dites peut-être que, si vous refusez de l'accompagner, il ira avec quelqu'un d'autre. Laissez-le faire; il ne vous en appréciera que mieux. Qu'elle soit, elle, le sujet de tous ces commérages!

Si vous avez tous deux des enfants, essayez de les réunir dans des situations d'essai. Essayez d'établir une harmonie, une entente entre vos enfants et les siens. Il sera rassuré de voir que tout peut s'arranger. Qu'il sache que vous êtes consciente des responsabilités financières qu'il a envers sa première famille, et abstenez-vous de remarques désagréables sur les exigences de ses enfants ou sur celles de son ex-femme. Mordez-vous la langue s'il le faut, mais ne parlez jamais en mal de son ex-femme. Il ne tient pas à ce qu'il y ait des frictions entre elle et vous, ou entre les deux familles. N'oubliez pas qu'en étant compréhensive et en le rendant heureux, vous serez heureuse aussi.

Devrions-nous vivre ensemble?

NON! Je vous entends crier et protester! Selon ma définition, vous vivez ensemble si l'un de vous deux ne garde pas sa maison ou son appartement. S'il dort chez vous tous les soirs mais que la plupart de ses vêtements et de ses possessions sont chez lui, selon ma définition, vous ne vivez pas ensemble.

À mon avis, la seule raison de vouloir vivre ensemble c'est que vous ne désirez pas vous marier. Pour une personne célibataire, vivre «avec quelqu'un» c'est un choix possible. Mais puisque nous sommes déjà d'accord pour dire que vous voulez vous marier, vivre ensemble devrait être exclu en tant que choix possible. De plus, il est loin d'être prouvé que vivre ensemble soit un test valable pour déterminer si un mariage réussira ou pas. Ça s'est vu des couples qui ont décidé de se marier après avoir vécu ensemble des années durant et dont le mariage a échoué. Il y a une différence subtile entre la permanence du mariage et l'expérience de vivre ensemble. Tant de choses dépendent de la permanence de l'engagement. Jesse Bernard disait que «sans engagement, on a la liberté mais pas la sécurité; avec l'engagement, on a la sécurité mais peu de liberté.» Si tout ce que vous désirez c'est un amant, un ami ou un «chum», vivez ensemble avec mes meilleurs vœux. C'est un livre sur le remariage que j'écris; je ne m'en suis jamais cachée!

Pour quelqu'un qui a peur du mariage, vivre ensemble c'est parfois un moyen de se faire à l'idée, d'être plus confortable. Mais, selon moi, c'est trop risqué. C'est que vous êtes hors circuit. Vous ne bénéficiez pas du statut ni des droits du mariage, ni du plaisir ou de la liberté de sortir avec qui vous plaît. Et si vous avez de jeunes enfants, ça risque de les troubler quand quelqu'un qui vit avec vous part soudain. Pour les enfants c'est plus facile si l'homme qui est dans votre vie rentre parfois chez lui, ils sont conscients qu'il ne sera pas dans leur vie de façon permanente et ils seront peut-être même prêts inconsciemment à ce qu'il parte un jour. Bien sûr, ce ne sera pas facile pour eux, mais moins difficile que si cet homme avait vécu avec eux de façon quotidienne. Si vous déménagez chez lui, vous perdez votre autonomie et n'êtes pas libre de partir quand vous voulez.

Vous ferez comme bon vous semblera, bien sûr, mais après mûre réflexion, je ne vous conseille pas de vivre ensemble. Je sais, beaucoup de gens ne sont pas d'accord avec moi parce qu'ils ont vécu un mariage malheureux et qu'ils estiment que vivre ensemble leur permettra de déterminer s'ils pourraient être heureux en mariage avec «cette personne-là». Mais vous pouvez en apprendre autant au sujet de quelqu'un sans nécessairement vivre sous le même toit, en passant plutôt beaucoup de soirées et de nuits ensemble, en voyageant ensemble et ainsi de suite. Je ne dis pas ce que ma grand-mère disait: «Pourquoi un homme achèterait-il la vache quand il a déjà tout le lait qu'il veut?» Je dis tout simplement que si vous ne lui donnez pas l'occasion de découvrir que vous lui manquez, comment saura-t-il jusqu'à quel point il vous aime!

Et si je suis tous vos conseils et qu'il ne parle toujours pas de mariage?

Espérons que tôt ou tard il décidera qu'il ne veut pas vivre sans vous et qu'il vous en parlera. Sinon, vous allez devoir lui donner du temps et de l'espace, arrêter de le voir pendant un certain temps, pour qu'il découvre à quoi ressemble sa vie sans vous.

Quand je fréquentais Léonard, je m'étais fixé un horaire de six mois pour qu'il se décide à m'épouser. Je savais déjà que je l'aimais, et comme nous étions ensemble tous les jours j'avais décidé que je n'insisterais pas si, après 180 jours et 180 nuits ensemble, il n'arrivait pas à décider qu'il m'aimait et voulait m'épouser. De temps à autre, il m'arrivait de lui mentionner que je n'avais plus l'intention de vivre des «relations d'un an» qui ne menaient nulle part, et je crois que c'est une des raisons qui l'on poussé à me demander en mariage. Autrement, il n'aurait pas été du tout pressé de le faire; il était très heureux et très confortable dans nos fréquentations et, en tant que célibataire de toujours, habitué à vivre seul.

Beaucoup des femmes que j'ai questionnées ont été obligées d'arrêter de voir les hommes qu'elles aimaient parce qu'ils ne voulaient tout simplement pas se marier. Bien sûr, la brisure leur était pénible et elles ont eu très mal. Éventuellement certains de ces hommes se sont rendu compte de l'importance des femmes qui les avaient quittés et les ont demandées en mariage. D'autres femmes à qui j'ai parlé hésitaient, elles, à se marier et leurs hommes leur ont servi un ultimatum: le mariage ou la brisure.

S'il ne parle toujours pas de mariage, que faire alors? Plusieurs choses. Vous pouvez lui téléphoner et proposer une rencontre pour discuter avec lui. Au point où en sont les choses, vous n'avez rien à perdre. S'il ne le sait pas déjà, parlez-lui de vos sentiments à son égard et dites-lui que vous êtes intéressée à l'épouser. S'il vous laisse entendre que lui n'est pas intéressé, il est temps de passer à autre chose. Je connais des femmes qui ont attendu des années pour qu'un homme se décide à les épouser. Certaines ont eu raison, d'autres pas. C'est un risque, c'est être hors circuit pendant tout ce temps d'attente!

Donc, vos choix: lui donner de l'espace pour voir si, vous manquant, il se décidera à vous demander en mariage; en discuter avec lui pour qu'il comprenne que vous voulez l'épouser; s'il refuse, l'attendre en espérant qu'il change d'avis; ou passer à autre chose et en trouver un autre. Je ne crois ni aux manipulations, ni au mensonge, ni aux pièges; c'est bien mal commencer un mariage!

Je tiens à vous rassurer une fois encore; il y a plus d'un homme pour vous dans tout l'univers. Il y a plusieurs partenaires potentiels; il s'agit de regarder un peu autour de vous. Comme je ne rencontrais pas beaucoup d'hommes dans mon milieu de travail, je mettais à peu près deux mois à rencontrer quelqu'un de nouveau. Vous mettrez peut-être moins de temps que moi à faire une heureuse rencontre. Vous pouvez vivre sans cet homme et continuer à mener la vie intéressante que vous vous êtes créée tout en gardant l'œil ouvert. On rencontre toujours quelqu'un. Vous vous sentirez peut-être déprimée et seule, mais vous n'en mourrez pas. Vous vivrez une période de deuil, de séparation, semblable à celle que vous avez connue quand vous vous êtes divorcée ou quand vous êtes devenue veuve, et vous aurez presque aussi mal. Mais vous aurez appris quelque chose et cette relation aura enrichi votre vie; vous y gagnerez en sagesse et en profondeur.

Grâce aux hommes que j'ai aimés pendant un temps, ma vie s'est enrichie et j'ai découvert des livres, des vins, des aliments nouveaux, des affaires, la pêche, les courses de chevaux et de chiens, les voyages et le sexe. Je n'ai jamais eu l'impression de perdre le temps que je passais avec ces hommes-là. Et j'ai beaucoup appris sur moi-même; j'ai appris à découvrir ce dont j'avais besoin pour être heureuse et à savoir le reconnaître quand j'ai enfin rencontré l'homme dont j'avais besoin.

Il existe, le nouveau mari qu'il vous faut. Ne faites surtout pas trop de concessions parce que vous avez peur ou que vous vous sentez seule. Vous êtes une femme de valeur, vous êtes une femme aimante qui a beaucoup à donner et c'est peut-être l'homme que vous rencontrerez ce soir ou demain qui saura l'apprécier. Et si vous êtes tous deux d'accord et que vous voulez vous marier, vous partirez à l'aventure ensemble!

Voici quelques récits vécus de femmes qui ont réussi à se faire demander en mariage, à commencer par le mien:

«Je voyais Léonard presque tous les jours depuis environ six mois. Nous nous entendions bien, et j'étais en amour avec lui. Il n'aurait jamais admis m'aimer, même s'il avait le comportement d'un homme amoureux. Puis, comme il le faisait chaque année au printemps, il est parti en voyages d'affaires à New York. Il me téléphonait tous les soirs et me disait qu'il n'appréciait pas son voyage comme par le passé parce que je lui manquais.

«À son retour, je l'ai reçu à dîner. Il se plaît à dire que c'est à cause du menu, n'est-ce pas; des hamburgers avec des oignons et des champignons sautés, des frites maison une bonne salade et un bon vin. Après le repas, il m'a regardée droit dans les yeux et il m'a enfin dit qu'il m'aimait.

«Quelques semaines plus tard, il était venu me prendre chez le dentiste et nous sommes allés boire un café chez Howard Johnson. C'est là qu'il m'a dit: 'Je suppose que maintenant nous devrions nous marier.' Et c'est précisément ce que nous avons fait il y a trois ans!»

Voici quelques autres expériences vécues:

«Je sortais avec Fred depuis trois ans. Devenu célibataire endurci, il ne voulait pas se marier. J'ai deux fils, et tous les étés quand ils partaient au camp, Fred cessait de me voir. Il cassait tout. Je suppose qu'il avait peur de trop d'intimité. Après notre troisième brisure, j'ai décidé de faire un party pour la fête du Travail et j'ai invité toute sa famille. Il est venu lui aussi; je ne l'avais pourtant pas invité. Il m'a demandé de reprendre et j'ai refusé. J'étais fatiguée de son ambivalence et je ne voulais plus. C'est alors qu'il m'a dit: 'Bon. Alors tu veux qu'on se fiance? Nous sommes fiancés.' Et c'est comme ça qu'il m'a demandée en mariage.»

«Lee et moi, nous nous étions fréquentés pendant deux ans et étions très en amour. Mais pendant ce temps il était en train d'obtenir son divorce, et quand il a été finalement libéré de son mariage précédent, il m'a dit qu'il se sentait pris et qu'il n'avait jamais connu ça, lui, une vie de célibataire. Je lui ai dit adieu, et nous sommes tous deux sortis avec d'autres.

«Quelques mois plus tard, il m'a téléphoné et il m'a dit qu'il s'était trompé, qu'il voulait m'épouser. Nous avions, bien sûr, quelques problèmes à régler, mais je pense qu'il avait compris combien c'était difficile de trouver ailleurs quelqu'un qui l'aime autant que moi; il fallait qu'il s'en rende compte de lui-même. J'ai l'impression que la plupart des hommes et des femmes ne comprennent pas toujours combien il faut mettre de temps pour établir une relation solide, intime. Le temps passé ensemble et ce qu'on partage, tout ça forme un lien qui ne se remplace pas à la première rencontre, en «s'amusant» avec quelqu'un de neuf. Nous sommes mariés maintenant et heureux, plus heureux que nous n'aurions cru.»

«J'ai rencontré Gary en voyage. Il travaillait à l'extérieur du pays et j'étais agent de voyage. Nous nous sommes tout de suite compris, et il venait me voir aux États-Unis aussi souvent qu'il le pouvait. Il avait été marié deux fois et il se méfiait beaucoup du mariage. Ma famille se méfiait beaucoup de lui à cause de ses mariages précédents, mais nous étions en amour. Après l'avoir fréquenté pendant à peu près un an, je lui ai dit un jour que je voulais ou l'épouser, ou arrêter de le voir. Il m'a demandé d'être encore un peu patiente parce qu'il avait des problèmes à régler avec ses ex-femmes et ses enfants. Il les a réglés et nous nous sommes mariés. Je suis tellement plus heureuse dans ce mariage. Nous faisons tout ensemble et nous avons une intimité que je n'ai jamais connue avec mon premier mari.»

«J'étais veuve depuis peu de temps quand des amis m'ont présenté Ken. Je ne souffrais pas du tout de solitude et je n'avais aucune intention de me remarier. Après trois ans de fréquentations, un jour, il m'a donné un ultimatum: ou je l'épousais, ou il arrêtait de me voir. Je ne pouvais pas supporter l'idée de vivre sans lui et me voici donc, à ma grande surprise, remariée.»

«Après mon divorce, je n'ai pas vraiment essayé de me remarier. J'ai rencontré Louis dans une soirée chez des amis communs et il est tout simplement devenu une partie de ma vie. J'ai deux jeunes enfants, il en a un; j'avoue que ça m'inquiétait de réunir nos deux familles. Il passait presque toutes ses soirées chez moi et nous sortions à peu près une fois par semaine. Ça nous paraissait naturel de nous marier parce que nous étions en amour. Nous nous sommes fréquentés pendant à peu près deux ans et il est le seul homme avec lequel je suis sortie.»

Voici donc un petit résumé de ce que je pense que vous devriez faire pour trouver l'homme qu'il vous faut et, éventuellement, réussir à l'épouser.

1. Soyez honnête envers vous-même sur la sorte d'homme et le style de vie que vous voulez.

2. Apprenez à lire vos hommes. Ne vous racontez pas d'histoires; ne décidez pas qu'ils sont autre chose que ce qu'ils sont vraiment.

3. Ne l'oubliez pas, personne ne change son caractère de base de façon permanente, mais à peine assez longtemps pour faire votre conquête et vous épouser.

4. Chaque homme a un défaut tragique; choisissez un homme dont vous pourrez tolérer les défauts.

5. Méfiez-vous de ces types d'hommes «qui ne sont pas pour vous» et que je vous ai décrits.

6. C'est non seulement acceptable mais courant que des gens se marient pour des raisons autres que l'amour fou et passionné. L'affection mutuelle et l'engagement sont une excellente base pour le mariage.

7. Ne l'oubliez pas, les hommes aiment être mariés.

8. Le «bon moment» dans votre vie et dans la sienne, c'est un facteur très important avant de songer au mariage avec quelqu'un.

9. Soyez attentive, généreuse et aimante; il le sera aussi.

10. Ne l'étouffez pas.

11. Sachez être autonome jusqu'au mariage et ne vivez pas ensemble.

12. Sachez devenir indispensable dans sa vie.

13. Devenez une amante extraordinaire.

14. Rassurez-le de façon subtile; qu'il comprenne que vous avez l'intention de partager les responsabilités du mariage avec lui et que vous ne serez pas un poids.

15. Une fois la relation devenue sérieuse, tentez d'établir l'harmonie et la bonne entente entre vos deux familles.

16. Si après une période de temps raisonnable, il ne semble pas intéressé au mariage, donnez-lui de l'espace et arrêtez de le voir.

17. S'il ne change pas d'idée et ne décide pas de vous épouser, lâchez et cherchez ailleurs. Il y a plus d'un homme pour vous dans tout l'univers.

18. Ne vous découragez pas. Il existe, le mari qu'il vous faut!

Nous parlerons maintenant de l'univers fascinant, mais stressant, du remariage.

CHAPITRE SEPT

Le mariage et l'après: une nouvelle vie ensemble

À mesure que le moment de votre remariage approche, vous allez vous poser des questions, avoir peur, vous inquiéter, tout en étant contente et excitée de vous remarier. C'est très normal d'hésiter. Vous avez investi beaucoup de temps et d'efforts à vous refaire à la vie de célibataire, et vous hésitez peut-être à abandonner ce nouveau mode de vie. Vous jouissez d'une indépendance et d'une force nouvelles, et l'idée de partager votre vie avec quelqu'un une fois encore vous porte à réfléchir, peut-être à hésiter. Et puis, il y a toutes ces autres relations à transformer pour que vos deux familles n'en deviennent qu'une.

Au point où vous en êtes, c'est bien normal d'hésiter, ne l'oubliez pas. Jesse Bernard estime que nous voulons des choses opposées dans la vie: la variété et la sécurité, la stabilité et l'aventure, la passion et un refuge où se retirer. Et quand vous vous demandez si vous arriverez à relever tous les défis que vous pose un nouveau mariage, c'est normal et c'est humain. Se bâtir une nouvelle vie avec quelqu'un exige de la planification, des préparatifs, de la discussion, beaucoup de patience et une volonté très forte de réussir, de votre part et de la sienne. Mais ça en vaut la peine!

La plupart des gens sont fort contents d'être remariés. Ils sont très enthousiastes de se voir en train de bâtir une nouvelle vie avec un partenaire et ils estiment que les résultats justifient bien les efforts. Mais un nouveau mariage exige de la souplesse et un désir de travailler ensemble à surmonter les obstacles.

Pourquoi les gens se remarient-ils?

À tout prendre, les gens sont plus confortables dans un style de vie traditionnel. Le mariage est un aveu publié de leur relation et le reste de l'univers prend leur attitude plus au sérieux que s'il s'agit de deux amants ou de deux personnes qui vivent ensemble. Le mariage assure une plus grande sécurité affective. Forts de cette sécurité qu'offre le mariage, les deux partenaires peuvent oser des choses nouvelles avec plus d'assurance que s'ils étaient seuls. C'est un sentiment bien naturel qui remonte à la sécurité que nous ressentions, enfants, avec nos mères. Et s'il a des enfants, le parent désire leur assurer une certaine stabilité, bien difficile à atteindre quand les relations amoureuses ne sont pas permanentes. Puis il y a le désir d'avoir un compagnon de vie, même quand on sait qu'on est parfaitement capable de vivre seul.

Voici quelques-unes des raisons que des femmes remariées m'ont confiées:

«Je voulais le compagnonnage et la sécurité financière.»

«Je suis tombée en amour avec mon mari.»

«Tous mes amis se mariaient, je croyais que la situation financière serait beaucoup plus facile, et je voulais l'amour et le compagnonnage.»

«J'étais seule, j'avais peur de vivre le reste de ma vie seule, et je savais avoir rencontré quelqu'un avec qui partager ma vie.»

«J'étais en amour et j'avais le sentiment que nous pouvions nous bâtir une bonne vie ensemble.»

Mais bien des gens ne se remarient jamais, pourquoi?
Pour plusieurs raisons. Ils préfèrent leur vie de célibataire et souhaitent n'être redevables qu'à eux-mêmes. La
pensée de partager leur vie une fois encore les rend sans
doute anxieux. Ils n'aiment peut-être pas le sexe, ont été
déçus en amour ou s'inquiètent moins de vivre seuls que
de prendre le risque de vivre une relation intime avec
quelqu'un d'autre.

Le mariage n'a-t-il pas eu mauvaise presse?
Même si les gens ont toujours cherché à se marier, on
retrouve dans la littérature de toutes les époques beaucoup de commentaires négatifs sur le mariage. Voici
quelques exemples:

> Socrate: «Dans tous les cas, mariez-vous. Si vous tombez
> sur une bonne épouse, vous serez heureux; et si vous tom-
> bez sur une mauvaise, vous deviendrez philosophe, ce qui
> est excellent pour l'homme.» Quand on lui demandait s'il
> était préférable de prendre femme ou pas, il répondait;
> «Quoi qu'il fasse, un homme s'en repentira.»

> La Rochefoucauld: «Il y a de bons mariages, mais il n'y en
> a point de délicieux.»

> Ambrose Bierce: «Communauté composée d'un maître,
> d'une maîtresse et de deux esclaves, ce qui fait en tout deux
> personnes.»

> Francis Bacon, quand on lui demandait à quel âge un
> homme devrait se marier: «Le très jeune homme pas
> encore et le vieil homme, pas du tout.»

> George Bernard Shaw: «Quand deux êtres sont sous l'in-
> fluence de la plus violente, de la plus folle, de la plus illu-
> soire et de la plus passagère des passions, on leur demande
> de prêter serment, et de promettre qu'ils resteront jusqu'à
> la mort et continuellement dans cet état de surexcitation
> anormal et épuisant.»

Et pour oublier un peu toute cette propagande négative:

> Gœthe: «Une épouse, c'est un cadeau qui est donné à
> l'homme pour qu'il se console d'avoir perdu le paradis.»

Henry Ward Beecher: «C'est au moment d'entrer dans l'état du mariage que les hommes sont le plus près de Dieu.»

John Lily: «Les mariages sont faits au ciel et consommés sur terre.»

Malgré la mauvaise presse, il y a eu 2 495 000 mariages aux États-Unis en 1982, 2% de plus qu'en 1981, ce qui démontre chez nos voisins une augmentation pour la septième année consécutive. De plus, toujours aux États-Unis, quatre divorces sur cinq se terminent par un remariage. Ces remariages n'ont pas plus de succès que les premiers mariages, peut-être parce que les gens hésitent moins à divorcer après l'avoir déjà fait une fois. Les gens remariés s'accordent cependant à dire que la qualité de leur deuxième mariage est meilleure, que celui-ci dure ou pas.

Comme je le disais dans le premier chapitre, mariée, vous vivrez en meilleure santé. Selon un article paru dans le *New York Times* (le 8 mai 1979) les statistiques démontrent qu'être marié et vivre avec son époux, quelle que soit la qualité de la relation, est l'état marital le plus sain même si l'acte de se marier est un moment stressant dans la vie de quelqu'un, au point de rendre parfois temporairement malade. D'ailleurs, quatre nouveaux mariés sur cinq tombent malades peu de temps avant le mariage. Selon le *Times,* vivre célibataire serait dommageable pour la santé: les célibataires fumeraient et boiraient davantage, seraient plus malades, plus sujets au cancer du système digestif et auraient un taux plus élevé d'admissions en hôpitaux psychiatriques que les gens mariés. Et selon un article paru dans l'*American Sociological Review,* les «avantages du mariage sont surtout apparents quand les circonstances de vie sont le plus difficiles, pas quand elles sont faciles. Le mariage peut servir de barrière protectrice contre les conséquences stressantes provoquées par les dangers venant de l'extérieur. Le mariage n'empêche pas les problèmes économiques et sociaux de se manifester dans la vie de quelqu'un, mais il peut aider à se défendre des assauts psychologiques que ces problèmes créeraient autrement. Même à une époque où le mariage est souvent un 'arrangement fragile', sa capacité de protéger les gens du plein impact des tensions extérieures le rend stable de façon surprenante.»

En toute justice, je dois vous dire que plusieurs auteurs sont d'avis que le mariage serait meilleur pour la santé des hommes que pour celle des femmes. Jesse Bernard, qui a beaucoup étudié le mariage, est de cet avis. C'est peut-être parce que les femmes ont plus d'ajustements à faire dans le mariage. Plus de femmes que d'hommes considèrent que leur mariage est malheureux et deux fois plus d'épouses que d'époux jurent qu'elles n'épouseraient pas le même partenaire. Il y a plus de femmes mariées que de femmes célibataires qui souffrent de phobies, de dépressions et de maladies mentales, et elles commettent plus de crimes. Plus d'épouses que d'époux entreprennent des procédures de divorce ou vont chercher conseil en thérapie, peut-être parce que les femmes sont plus facilement prêtes à aller chercher de l'aide quand elles en ont besoin. Ces vieux stéréotypes de la vieille fille frustrée et de l'heureux célibataire sont complètement faux. Le contraire serait plutôt vrai.

Cette Canadienne anonyme que j'ai déjà citée écrivait aussi: «En ce qui concerne le mariage, la chose la plus digne de mention c'est qu'il améliore les hommes. Même le plus médiocre des spécimens deviendra, quand il prend femme, un être souriant et presque sophistiqué. Il commence toujours sa journée bien reposé, bien nourri et bien habillé, et vraiment fort content de lui. Son ambition ne connaît plus de bornes, ses capacités de gain triplent; c'est lui maintenant le gagne-pain, il a un but dans la vie. Bref, le mariage *fait* les hommes.»

Elle continue en disant que la vie des femmes, elle, se détériore. Tout débute quand le mari commence à trouver des moyens pour que sa femme s'améliore. Et ce qu'il veut améliorer chez sa femme, c'est toujours ce qui l'enchantait au départ, «et tout périclite à mesure que vous êtes prise dans sa vie, occupée à trouver des moyens de vous améliorer, puis vient le stade de la maternité et tous ses aspects ennuyeux, et enfin l'ennui mortel que viennent à peine alléger les dîners entre amies, le travail, les cours de gymnastique et les aventures.»

C'est un point de vue tout de même un peu dépassé. De nos jours, une femme est rarement prise ou immergée dans la vie de son mari, elle a des intérêts et une vie bien à elle. C'est un autre exemple de ces perceptions, hélas persistantes, du rôle des femmes et des hommes dans le mariage. Pourtant, de nos jours, elles sont nombreuses les femmes de carrière mariées, très occupées, qui s'exclament à peu près en riant: «Mais ce dont j'ai besoin, c'est d'une ménagère!»

Mais comment ce sera, un nouveau mariage?
Ce sera différent du premier. Il y aura sans doute des problèmes mais, même s'ils sont parfois difficiles à surmonter, la plupart des gens s'accordent à dire que les bénéfices sont de loin plus importants. Ainsi on a déjà comparé le remariage à une pièce de théâtre où il y aurait des «milliers de participants». Vous aurez, bien sûr, des liens affectifs et légaux avec beaucoup de gens. Il y aura sûrement des intrusions, des exigences et des plaintes de la part d'ex-époux, d'enfants ou d'ex-beaux-parents. La solution c'est de discuter de ces problèmes à l'avance avec votre futur époux et d'établir au moins une base de communication à leur sujet. La plupart des gens apprécient passionnément leur remariage. Voilà qui est encourageant. Les deux partenaires ont plus d'expérience et savent habituellement ce qu'ils veulent. Ils sont présumément adultes et mûrs, et assez lucides pour savoir ce qu'ils font et s'accepter tels qu'ils sont. On est comme on est; chauve, gros, pauvre ou riche. Votre compagnon sait si vous aimez les bons vins ou le jazz, si vous aimez la nature ou non, et vous en savez long sur lui.

Les femmes sont plus portées à être vraiment elles-mêmes dans un remariage et davantage en mesure d'apprécier quelqu'un qui les affectionne après s'être débrouillées seules un temps. Ayant eu à se battre pour se rebâtir une vie, elles savent mieux ce que c'est que de revenir fatiguées de leur travail; et les hommes ont eu un peu la chance de s'apprivoiser à la cuisine. Puis leur vie sexuelle est généralement plus satisfaisante. Les deux partenaires sont moins rigides, ont sans doute eu l'occasion d'apprendre quelque chose au sujet de l'orgasme et ils ont moins peur d'une grossesse parce qu'ils en savent davantage sur les méthodes de contraception (il a peut-être subi une vasectomie). Ils se sont en général assurés de leur compatibilité sexuelle avant le mariage et seront probablements moins inhibés et plus ouverts qu'ils ne l'étaient dans leur premier mariage.

De plus, nous, les remariés, avons tendance à être plus ouverts, à dire plus facilement ce que nous ressentons, à moins le dissimuler. Peut-être avons-nous moins peur de perdre notre compagnon et de devoir vivre un autre divorce. Nous sommes plus réalistes aussi, nous nous attendons moins à la perfection et à la «romance» constantes et nous sommes plus tolérants. Et pour le bien de notre relation, il nous arrive de faire des choses que nous n'aimons pas particulièrement, tout simplement pour faire plaisir à notre compagnon. Ainsi, moi je vais au terrain de golf avec mon mari parce que je sais qu'il aime bien que j'y aille avec lui, même si c'est loin d'être mon activité préférée. Les gens qui se remarient sont reconnaissants d'avoir trouvé un compagnon et un partenaire, et ils font plus d'efforts. Nous avons aussi tendance à savoir garder notre sens de l'humour, ce qui est un sérieux atout dans un mariage. La plupart des gens remariés sont passionnément en amour l'un avec l'autre; ils considèrent leur vitalité et leur vie sexuelle renouvelée comme un cadeau.

Mon second mariage est presque totalement différent de mon premier. Non seulement mon mari est-il le parfait opposé de mon premier mari, mais notre vie ensemble est tout autre. La plus grande différence vient de ce que nous n'avons pas d'enfants à élever; mes enfants sont grands et indépendants, et Léonard n'a pas d'enfants. Bien sûr, il y a parfois des moments de crise dans la vie de mes enfants où il se peut que nous nous impliquions, mais nous n'avons pas de responsabilités quotidiennes. Nous sommes tous deux rendus au milieu de notre vie, conscients que toutes les bonnes choses n'ont qu'un temps et bien décidés à profiter de la vie et de notre bonne santé pendant que nous le pouvons. Même la nouvelle entreprise de mon mari, une agence de voyages, a été choisie parce qu'elle nous permet de nous amuser en même temps qu'elle est un défi.

Ça me surprend encore de voir comment Léonard ne réagit pas comme mon premier mari, même si nous sommes mariés depuis un certain temps déjà. Il faut que je me rappelle parfois qu'il est quelqu'un de différent et que je peux compter sur cette différence. Et dans mon mariage avec Léonard, je suis plus ouverte au sujet de mes sentiments et de mes réactions. Je ne m'enferme plus dans ma coquille et je ne boude plus quand je suis fâchée; j'ai appris d'expérience qu'en agissant ainsi je me faisais du mal et minais mes relations avec les autres. Et je ne réagis plus comme avant; je m'emporte moins et je me laisse moins troubler par les événements mineurs. Bien sûr, on vieillit et on mûrit, mais ma vie est plus sereine maintenant et tout simplement plus agréable.

Et pour celles d'entre nous qui ont encore des enfants à charge? Comment ces derniers affecteront-ils leur remariage?

Se remarier quand on a des enfants qui vivent à la maison c'est bien différent que de se remarier sans enfants. Si vous avez tous deux des enfants qui vivent avec vous, votre entreprise sera d'en faire une famille. Vous y mettrez beaucoup de temps et beaucoup de patience, et vous aurez besoin de la coopération de votre époux et de celle des parents absents. Les ressentiments risquent fort de faire partie du scénario et vous pouvez compter sur les enfants, ils vous surveilleront comme des aigles au cas où vous feriez preuve de quelque favoritisme. Il vous arrivera parfois, pour éviter de favoriser les vôtres, de pencher de l'autre côté et d'être plus gentille avec les enfants de votre mari. Faut-il vous dire que les vôtres ne l'apprécieront pas du tout et qu'ils vous le reprocheront chaque fois. La situation est tout aussi délicate avec vos enfants adoptifs parce que si vous êtes gentille, il croiront que vous tentez de remplacer leur «vraie» mère et si vous ne l'êtes pas, vous serez une affreuse belle-mère. Ses enfants n'ont peut-être pas été élevés à manifester leurs sentiments, et vos réactions leur paraîtront étranges. Vous êtes peut-être le genre de mère qui adore cajoler et embrasser ses enfants, et il se peut qu'eux n'aient pas connu ce genre de manifestation affective.

Puis il y a la question de la discipline. La plupart des parents adoptifs estiment qu'on met un certain temps à se sentir à l'aise de discipliner un enfant qui n'est pas le nôtre, mais il faut bien éventuellement en venir à une entente avec son compagnon et décider ensemble de la façon de discipliner tous les enfants de la famille.

Même si les enfants vivent avec leur mère et qu'ils vous rendent tout simplement visite, il se peut qu'ils essaient de ne pas vous aimer pour ne pas manquer de loyauté envers leur mère. Vous devrez faire l'effort de comprendre leur point de vue. Dans un nouveau mariage, on demande aux enfants de faire beaucoup d'ajustements; non seulement doivent-ils s'habituer à un nouveau parent adoptif, on leur demande souvent de vivre dans une nouvelle maison et avec de nouveaux frères et sœurs. Dans la plupart des cas, vos enfants ont eu l'occasion d'apprendre à connaître votre nouveau mari assez bien pendant que vous vous fréquentiez, mais ses enfants n'ont peut-être pas eu la même occasion d'apprendre à vous connaître. Même si vous ne voyez ses enfants que les fins de semaines, ils peuvent beaucoup déranger en téléphonant tout le reste de la semaine ou en provoquant la discorde quand ils viennent chez vous. De plus, dans beaucoup de cas, ses enfants commencent par vivre avec leur mère, puis décident après un certain temps qu'ils veulent venir vivre avec vous. Et souvent, une fois qu'une mère biologique a l'expérience des responsabilités quotidiennes d'élever des enfants seule, elle n'est que trop contente de les déposer chez vous, surtout si elle a l'impression que la présence de ses enfants la dérange dans sa quête d'aventures ou de remariage. Vous devez être prête à cette éventualité si vous épousez un homme qui a des enfants mineurs.

C'est très important de maintenir une bonne communication avec les deux époux précédents au sujet des enfants. Vous vous détestez peut-être, mais pour garder la paix il faut savoir faire abstraction de ces sentiments. Vous ne l'ignorez sûrement pas, les enfants peuvent être très manipulateurs et demander la même chose aux deux «paires» de parents, ou vous mentir sur ce qu'il leur est permis de faire chez eux quand ils viennent en visite chez vous. Mais oui, les vôtres aussi! Les enfants adorent tester les adultes; vous serez mieux armée si tous les parents en cause se sont d'abord mis d'accord.

Il y a des enfants qui ne veulent pas ou qui n'ont pas besoin d'une relation intime avec leur parent adoptif; vous devez l'accepter plutôt que de tenter de les faire changer d'idée. S'il doit se développer un rapprochement entre vous, ça se fera sans que vous insistiez.

Et comment les parents adoptifs doivent-ils se faire appeler ou présenter par les enfants de leur mari ou de leur femme? Ce n'est quand même pas réaliste de vous attendre à ce que ses enfants vous appellent «maman» ou que les vôtres appellent votre mari «papa». L'enfant trouvera bien tout seul éventuellement l'expression qui lui convient. La plupart des familles ont tendance à utiliser le prénom du nouveau parent; c'est un compromis acceptable. Bien sûr, le nom de famille d'un enfant ne

change pas à moins qu'il ne soit légalement adopté par son nouveau père.

Bien des couples décident d'avoir un autre enfant ensemble, ce qui aide parfois à synthétiser la famille. Tout dépend du nombre d'enfants qu'ils ont déjà. Certaines familles risquent de devenir nombreuses et lourdes, surtout si chacun des partenaires a déjà été marié plusieurs fois. Beaucoup de couples ne désirent pas ajouter à des responsabilités déjà nombreuses.

L'âge des enfants a une influence sur la facilité avec laquelle ils s'assimilent à une nouvelle situation de vie. Les plus jeunes s'ajustent plus facilement et acceptent mieux le nouveau parent que les adolescents qui ont souvent tendance à se révolter. En entrevue, les adolescents admettent qu'ils étaient très désagréables envers le nouveau parent au début, mais que maintenant ils l'aiment, l'apprécient et le respectent, et qu'il sont reconnaissants envers leur famille qui a su s'armer de patience.

Les enfants sont peut-être dérangeants, mais ils sont là et ils font partie de l'entente, et la plupart des couples tiennent à leur mariage au point d'accepter ce dérangement. Ils réussissent éventuellement à vivre une vie de famille stable qui inclut les enfants. Les questions d'argent aggravent parfois les choses; une nouvelle épouse peut se sentir furieuse ou lésée quand elle doit baisser son propre standard de vie pour aider à faire vivre la première famille de son mari. De plus, il est possible qu'elle se révolte si elle contribue au support de la première famille de son mari et qu'elle voie son argent aller à une femme qui ne travaille pas. Là encore, il faut beaucoup de maturité, d'engagement et d'amour pour empêcher un nouveau mariage de se gâcher quand on fait face à ce genre de problème.

Il arrive parfois qu'un beau-père assume l'entière responsabilité financière pour ses enfants adoptifs quand le père réel s'y soustrait. Lucile Duberman, de l'Université Rutgers, a questionné 100 hommes qui avaient des enfants adoptifs de moins de vingt et un an et a découvert que 69% d'entre eux assumaient toutes les dépenses, 19%, une partie des dépenses, et seulement 12% n'assumaient aucune dépense. C'est donc dire que 69% des «vrais» pères ne contribuaient pas au support de leurs enfants. Quand une femme a de l'argent, il arrive souvent qu'elle assume les dépenses de ses enfants; mais quand elle n'en a pas, qui paie quoi risque de devenir délicat. Faites un effort et discutez de ces problèmes à l'avance et venez-en à une entente avec votre futur époux. Vous vous éviterez beaucoup d'aigreurs et de disputes. La plupart des époux trouvent des solutions raisonnables à tous ces problèmes; donc, ne vous découragez pas. Dites-vous que c'est tout simplement mettre à l'épreuve votre amour et votre intelligence.

Faut-il s'attendre à avoir des problèmes avec les ex-époux?

Les ex-époux peuvent être extrêmement dangereux pour votre nouveau mariage, si vous leur permettez de le devenir. Vous serez peut-être jalouse si votre mari a souvent affaire à sa première femme, comme lui sera peut-être jaloux de votre ex-mari. Il arrive que nos «ex» se plaignent ou aient des exigences. Il arrive même qu'ils tentent de s'immiscer carrément dans nos vies. Ils sont parfois jaloux de notre relation avec leurs enfants. De peur de vous voir les remplacer dans l'affection de leurs enfants, ils saperont tous vos efforts de bonne entente. Ne perdez surtout pas votre sens de l'humour quand votre mari vous appellera du prénom de sa première femme; ça vous arrivera au moins une fois! Et même si elle est morte, vous n'êtes pas immunisée contre la jalousie. On vous rappellera peut-être constamment que l'ancien couple faisait toujours les choses d'une certaine façon, n'est-ce pas... Soyez patiente! Avec le temps, c'est votre façon de faire à vous qui lui importera.

C'est vraiment préférable pour tous les gens concernés quand des «ex» peuvent être amis, mais c'est aussi très rare. Vous devriez tous tenter d'être au moins polis

les uns envers les autres, puisqu'il vous arrivera parfois
d'être tous présents dans des situations de famille,
comme des graduations, des funérailles ou des mariages;
et c'est tellement plus simple quand tout le monde s'en-
tend. Mon ex-mari m'adresse à peine la parole, mais
forcé, et si je fais les premiers pas, il me dira au moins
bonjour. Dans l'année qui a suivi notre divorce, deux de
nos filles se sont mariées, et nous avons passé à travers
deux mariages sans que monsieur m'adresse la parole.
J'étais décidée — et je le suis toujours — à ne pas laisser
son attitude m'empêcher de m'amuser; alors, quand il
nous arrive d'être tous deux quelque part au même
moment, nous nous ignorons tout simplement. Je vous
conseille de tenter d'établir une espèce de neutralité qui
permettra aux gens de se sentir à l'aise s'ils vous invitent
tous deux aux mêmes fêtes. Et si, comme dans mon cas,
la froideur persiste, acceptez les choses telles qu'elles sont
et ne vous privez surtout pas d'aller quelque part pour
autant.

Devrions-nous vivre chez lui ou chez moi?
Décider où vivre ne sera peut-être pas facile, mais il n'est
pas opportun d'engendrer une crise majeure. Laissez-
moi vous raconter mon histoire.

    J'étais propriétaire d'un petit condominium et mon
mari, propriétaire d'une maison en banlieue. Il avait
aussi un bouledogue qu'il adorait qui avait onze ans à
l'époque; il avait l'air féroce et il était bien gros, mais
nous l'appelions «Puppy». Nous aimions bien mon bloc
tous les deux et nous avons décidé d'y acheter ensemble
un plus grand appartement. J'ai réussi à vendre le mien
assez rapidement, mais nous avons appris alors qu'on ne
nous permettrait pas d'y emmener «Puppy» vivre avec
nous. Pour des raisons que j'ignore jusqu'à ce jour, ils
n'acceptaient pas les «nouveaux» animaux.

    Nous avons décidé de vivre dans la maison de Léo-
nard en banlieue et nous avons mis le nouvel appartement
en vente. Et c'est à ce moment-là que le prix des proprié-

tés à Miami a baissé à un point tel que nous n'arrivions
pas à vendre à notre prix; nous nous sommes donc retrouvés à payer deux hypothèques, véritable cauchemar
financier. Nous avons alors décidé de mettre les deux
maisons en vente, de voir laquelle se vendrait la première
et de laisser le destin décider où nous allions vivre. C'est
la maison de mon mari qui s'est d'abord vendue à un prix
intéressant et nous avons dû faire face au problème du
chien, décider ce que nous en ferions. Nous lui avons
finalement trouvé une bonne maison chez des gens qui
adoraient les bouledogues et c'est en pleurant que nous
sommes allés le conduire dans sa nouvelle famille.

Et pendant ce temps, nous avons survécu à deux
déménagements majeurs et à deux redécorations majeures. D'abord quand j'ai vendu mon condominium et que
j'ai aménagé dans la maison de Léonard, nous avons
beaucoup travaillé à redécorer. Puis nous avons vécu un
deuxième déménagement, neuf mois plus tard, dans
notre nouvel appartement (douze ans d'accumulation
des possessions de Léonard!) Et dans notre nouvel appartement nous avons dû tout redécorer et réaménager.
Deux soirs avant notre mariage, nous étions si épuisés
que nous avions peine à nous tenir debout! La morale de
cette histoire? C'est simple: ne faites par comme moi! Ne
sous-estimez surtout pas l'importance de cette décision et
planifiez pour éviter les folies de dernière minute. Vous
ne voudriez pas être une mariée épuisée et de mauvaise
humeur!

Dites-vous bien que celui des deux qui déménage
dans la maison de l'autre devra vivre avec les souvenirs
que cette maison-là représente. En général, ça dérange
plus les femmes que les hommes, parce que traditionnellement c'est la femme qui tient maison. Si elle doit vivre
dans ce qui était la maison d'une autre femme, tout lui
rappellera combien «l'autre» faisait les choses autrement, et à moins que la maison ne soit redécorée, elle
vivra avec les choses de «l'autre». Une de mes amies, qui
se définit elle-même comme une mariée «gériatrique»

parce qu'elle s'est mariée pour la première fois à l'âge de soixante-huit ans, a épousé un veuf et elle est déménagée chez lui. À peu près quatre ans après leur mariage, elle a enfin réussi à redécorer. Et quand je lui ai demandé quel conseil elle aurait à nous donner, elle m'a dit: «Faites une vente de garage monstre.» Et elle était presque sérieuse.

Bien sûr, vous pourriez attendre un peu, vous ne voulez tout de même pas imposer trop de changements trop vite à votre nouvel époux. Graduellement, avec le temps, vous en viendrez à faire de cette maison-là, *la vôtre*. Je connais des hommes et des femmes qui sont déménagés dans des maisons que leurs époux ont déjà habitées avec leur «ex» et que ça ne dérange pas du tout; ils y sont heureux et parfaitement à l'aise. Mais si ça vous dérange et que vous êtes inconfortable, il faut remédier à cette situation susceptible d'avoir une influence négative sur votre mariage. Cette amie qui me parlait de vente de garage a aussi hérité de la bonne de la première femme de son mari qui parle d'ailleurs toujours de son ancienne maîtresse en disant: «la vraie madame Smith». Heureusement, mon amie a un magnifique sens de l'humour!

S'il y a des enfants, vous allez devoir tenir compte de leurs besoins. Il est toujours à conseiller de faire aussi peu de changements majeurs que possible dans leur vie. C'est plus sage de faire des efforts pour qu'ils n'aient pas à changer d'école ou à laisser derrière des amis auxquels ils tiennent, à moins que ce ne soit absolument nécessaire. Il y a même des ententes de divorce qui empêchent de trop éloigner les enfants de la résidence de leur autre parent.

Votre budget et la possibilité de vivre à proximité de votre lieu de travail entreront en ligne de compte dans la décision que vous prendrez. Et ce serait bien de pouvoir vivre quelque part où le loyer ou les paiements d'hypothèque ne sont pas trop élevés, surtout s'il s'agit d'une maison bien située et qui correspond à vos besoins à tous. Dans notre cas, ce n'était pas très important parce que Léonard avait vendu son commerce quelque temps avant notre mariage.

Et qui sera propriétaire de la maison que vous habiterez? C'est un autre aspect à considérer. Il ne fait aucun doute qu'une nouvelle épouse préférerait que la maison soit à leurs deux noms plutôt qu'à seulement celui de son mari, mais ce n'est pas toujours réaliste de s'attendre à ce qu'un nouveau mari le fasse dès le début, surtout quand il y a des enfants qui pourraient devenir les héritiers de la propriété. Acheter une nouvelle maison à vos deux noms serait peut-être intéressant; c'est un cas où l'on s'attend généralement à ce que les deux époux contribuent à l'achat. Il arrive souvent, après quelques années de mariage, quand la confiance mutuelle est bien établie, que l'époux propriétaire décide de mettre sa propriété aux deux noms pour protéger l'autre en cas de décès. C'est un geste d'amour, mais il n'est pas exigible en loi dans la plupart des États.

Il faudrait peut-être aussi discuter des contrats prénuptiaux. Ils deviennent de plus en plus populaires parce qu'ils préviennent souvent les mésententes et le ressentiment. Je connais un cas cependant où un contrat prénuptial a presque empêché un mariage. La future mariée était furieuse quand elle a vu le contrat que l'avocat du futur marié avait préparé et elle a tout simplement décidé qu'elle ne voulait plus épouser cet homme-là. Éventuellement ils se sont mariés, mais il y avait eu de la colère et un bien gros nuage sur ce qui aurait dû être un moment heureux.

Dans d'autres cas que je connais aussi, le contrat prénuptial a rassuré les deux futurs époux qui s'inquiétaient de protéger les droits de leurs enfants ou qui voulaient rassurer des enfants déjà adultes qui s'inquiétaient à la pensée de voir la fortune du parent tomber entre les mains du nouvel époux. Vous et votre futur mari allez devoir réfléchir et prendre votre propre décision. Vous devriez tous deux avoir votre propre avocat, ou pour lire le contrat, ou pour aider à le préparer. Faites toujours inclure une clause qui vous protégera tous deux en ce qui concerne les possessions que le couple acquerra après le mariage.

Est-ce plus difficile de planifier un second mariage qu'un premier?

Non, je ne crois pas; je crois même que c'est encore plus amusant! Vous pouvez faire tous deux exactement ce que vous voulez plutôt que de devoir plaire à vos parents, comme vous avez peut-être dû le faire la première fois.

C'est, cependant, un projet plus complexe. En exemple, voici une lettre que j'ai lue récemment dans un journal.

> Il y a quelques semaines, j'ai découpé une caricature de Signe Wilkinson du *Mercury News* de San José qui m'a beaucoup fait rire. C'était la description d'un mariage moderne. Chaque personne portait un numéro et était identifiée au bas de la caricature. C'est un peu difficile d'expliquer avec des mots à quoi ressemble une caricature, mais je ferai mon possible.
>
> Il y avait donc (1) la mariée, (2) le marié, (3) la fille du marié, de son premier mariage, (4) la mère de la mariée, (5) l'amant en titre de la mère de la mariée, (6) le père «donneur de sperme» de la mariée, (7 et 8) les parents du père «donneur de sperme» qui avaient d'ailleurs gagné à l'époque un procès leur accordant des droits de visite, (9) l'amant de la mère de la mariée au moment de la naissance de la mariée, (10) la mère du marié, (11) l'amant de la mère du marié, (12) le père du marié, (13) la belle-mère du marié, (14) la troisième femme du père du marié, (15) le grand-père du marié, (16) la maîtresse du grand-père du marié, (17) la première femme du marié.

Et la lettre était signée Planète Terre, 1983. Que d'exagération! me direz-vous. Pourtant, je pense à d'autres gens qui auraient pu y être, par exemple d'autres enfants, des ex-époux en plus grand nombre et même des petits-enfants.

Blague à part, en plus de votre liste d'invités, voici quelques détails auxquels vous devrez réfléchir en préparation de votre mariage:

La date.

Quelle sorte de cérémonie vous voulez.

Et où?

Quelle sorte de réception voulez-vous, où la tiendrez-vous et qui en assumera les frais?

Voulez-vous des garçons et des filles d'honneur?

Comment vous habillerez-vous?

Et comment allez-vous rédiger les invitations?

Les enfants auront-ils un rôle à jouer?

Allez-vous partir en voyage de noces?

Mais avant tout, vous allez devoir apprendre la nouvelle à vos familles. Comme vous êtes sans doute très près l'un de l'autre depuis un certain temps déjà, vos enfants, vos amis et vos familles savent probablement que vous vous intéressez l'un à l'autre et ils ne seront pas trop surpris quand vous leur apprendrez que vous avez décidé de vous marier.

Comment devriez-vous le faire? Plusieurs préféreront s'asseoir avec leurs enfants, leurs parents ou d'autres membres de leur famille proche et leur futur époux pour leur annoncer leur mariage et discuter de l'événement. D'autres préféreront le faire seule. N'oubliez pas qu'il est tout à fait normal que vos enfants ressentent une certaine ambivalence. Ils sont sans doute contents pour vous, mais ils ont peut-être nourri le rêve de vous réunir avec leur père, et ce rêve et leur espoir viennent de s'évanouir. Ils sont peut-être inquiets de ce qui va leur arriver maintenant que vous vous construisez une vie nouvelle. Préparez-vous à toutes sortes de réactions et faites en sorte que tout le monde puisse parler ouvertement. Ne vous découragez surtout pas si les enfants ne sont pas parfaitement enchantés; leurs réactions se transformeront sans doute à mesure qu'ils se feront à l'idée. Vous savez ce qui est bien pour vous et vos enfants, et ne laissez pas leurs peurs compréhensibles vous empêcher d'être heureuse.

J'ai choisi d'apprendre la nouvelle à mes enfants sans la présence de Léonard. Ils étaient tous adultes et nous avions partagé tant de bons et de mauvais moments ensemble depuis toujours. Et je tenais à donner à tout le monde l'occasion de pouvoir parler ouvertement, sans contrainte. Donc, un vendredi soir, après le travail, j'ai invité mes filles — Leslie, Aimée, Wendy et Cathy — et mon beau-fils, Lance, à mon appartement. Bien sûr, j'avais pensé au champagne! Et Léonard attendait en bas, dans le vestibule de l'immeuble.

J'ai à peine eu le temps de m'asseoir qu'une de mes filles a dit: «Nous savons que tu nous a invités pour nous dire que toi et Léonard allez vous marier.» Bon, vraiment je n'avais rien à leur apprendre; il ne restait qu'à en discuter un peu. Ils étaient tous très heureux et nous avons téléphoné à Léonard pour lui dire de monter. Entre-temps, Lance était allé chercher une bouteille de champagne que lui et Wendy avaient cachée dans leur voiture, il y avait une très jolie carte qui disait: «Bravo, nous sommes heureux et nous vous aimons.» Vous voyez combien j'ai réussi à «surprendre» mes enfants! Après, nous sommes tous allés faire la fête, danser et nous amuser.

Léonard, lui, a décidé d'inviter sa famille à dîner au restaurant et de lui annoncer la nouvelle en ma présence. Il y avait nous deux, sa sœur, sa mère, son beau-frère et son oncle. Et pendant tout le dîner, j'étais là à attendre que Léonard leur annonce la nouvelle et il ne disait rien. Quand je le regardais, son regard me disait: «Pas maintenant, pas maintenant.» Je devenais très nerveuse!

Nous avons fini de manger, sommes sortis du restaurant; toujours rien. C'est au moment où nous étions en train de quitter sa famille dans le stationnement du restaurant que Léonard a enfin dit: «Rusty et moi allons nous marier.» Ils furent tous soulagés de l'entendre enfin le dire; ils s'y attendaient tous et ils étaient si contents pour nous! Comme vous le voyez, nous n'avons surpris personne.

Après avoir annoncé la nouvelle, il faudra décider de la date de votre mariage. Je sais, ça paraît si simple! Pourtant vous aurez l'impression qu'il y a toujours un détail qui vient chambarder vos plans: les jours fériés, les disponibilités des gens que vous tenez à inviter, l'endroit où se tiendra la cérémonie, trouver un endroit où donner la réception, réussir à vous absenter de votre travail, les horaires des enfants ou un déménagement dans une nouvelle maison. Quand vous aurez finalement décidé de la date, n'oubliez pas qu'il faut compter deux semaines pour faire imprimer les invitations et au moins une autre semaine pour trouver les adresses de tous vos invités et poster les invitations. Même si vous écrivez vos invitations à la main ou que vous téléphonez à vos invités, ça ne se fait pas tout seul! Donnez-vous plus de temps que vous ne le croyez nécessaire pour préparer et planifier le grand jour; vous ne le regretterez pas.

Vous et votre futur époux allez aussi devoir décider de votre tenue. Dites, comment vous habillerez-vous? C'est excitant et épuisant de magasiner pour trouver «sa» robe de mariée, et se décider enfin: réussir à trouver la robe qui correspond à nos rêves et à notre budget. Vous pouvez vous permettre d'être aussi élégante que vous le voulez, évitez cependant de porter le voile ou quoi que ce soit qui donnerait l'impression que vous n'avez jamais été mariée.

Et quelle sorte de mariage voulez-vous? Il y a, bien sûr, toutes sortes d'arrangements possibles, et la plupart des experts s'accordent à dire qu'un deuxième mariage (ou un troisième, ou...) devrait être moins formel que le premier. Vous aurez peut-être envie d'un mariage complètement différent du premier; si, par exemple, la première fois vous vous êtes mariée avec un étudiant, vous aurez peut-être envie d'un grand mariage cette fois. Ou si, la première fois, vous avez eu un grand mariage, vous préférerez peut-être cette fois quelque chose de plus intime. Beaucoup de femmes qui se remarient préfèrent, semble-t-il, une petite cérémonie simple, suivie d'une plus grande réception le même jour ou quelques jours plus tard. Allez, exprimez-vous; faites ce que vous avez vraiment envie de faire. C'est votre mariage! Quand on a justement «un certain âge», on se sent plus à l'aise en faisant ce dont on a vraiment envie. Si vous avez envie de vous sauver et de vous marier en cachette, faites-le! Si vous voulez vous marier en mer ou sur la plage, en ski ou en parachute, faites-le! N'hésitez surtout pas!

Et quelle sera la place des enfants ce jour-là? Les plus âgés servent parfois de témoins, ou de filles ou de garçons d'honneur, et parfois ils se tiennent tout simplement près du couple pendant la cerémonie. Faites ce qui vous paraît le mieux et ce sera bien. Surtout, et ce conseil est le fruit d'une longue recherche, n'invitez pas d'ex-époux à votre mariage! Et pour le reste, faites ce dont vous avez envie!

Mais où donner la réception? Ce n'est pourtant pas les choix qui manquent. Chez vous, dans un hôtel, dans un restaurant ou chez des amis... Ne vous compliquez surtout pas la vie; vous ne voulez tout de même pas être complètement épuisée le jour de votre mariage et plus nerveuse que nécessaire. Je sais, il faut penser aux coûts aussi. Les réceptions à l'extérieur coûtent cher et les traiteurs, en général, demandent un prix assez élevé.

Vous et votre futur époux allez devoir discuter et décider combien vous voulez payer pour ce mariage et qui en assumera les coûts. Il arrive souvent que le marié paie pour la réception, mais s'il en est incapable et que la mariée en a les moyens, elle peut en assumer la responsabilité financière. Bien sûr, vous pouvez aussi partager les dépenses. C'est une décision individuelle et personnelle, et pour un remariage il n'y a pas de règles coulées dans le bronze.

Voici quelques exemples des mariages que des couples de ma connaissance ont adoptés. Vous ne m'en voudrez pas de commencer par le mien!

Nous avons discuté dans le détail de quelle sorte de mariage nous voulions. C'était bien difficile de décider s'il fallait inviter la famille et quelques amis intimes, ou tous nos amis et la famille. Vingt-cinq personnes ou soixante-quinze; c'était l'un ou l'autre. Comme c'était le premier mariage de Léonard, nous avons décidé d'inviter tous nos amis et la famille à la réception, et seulement la famille à la cérémonie.

Nous avons réfléchi à tous les endroits possibles pour la cérémonie et la réception, ma foi, jusqu'au vertige. Nous avons finalement décidé que nous préférions tenir la cérémonie dans un décor religieux et la réception ailleurs, plutôt que de tenir la cérémonie dans un restaurant ou dans un hôtel. Nous sommes tous deux finalement assez traditionnels et nous avons le cœur bien tendre! Presque tous les rabbins partaient en vacances au mois d'août et c'est après beaucoup de démarches que nous avons réussi à en trouver un qui acceptait de nous marier dans son bureau. Puis nous avons organisé un brunch dans un club privé.

Nous avons fait imprimer des invitations à la réception à nos deux noms puisque nous étions les hôtes, et joint un carton séparé pour ceux qui étaient invités à la cérémonie.

L'oncle de Léonard était son témoin, et ma sœur, ma fille d'honneur. Mes enfants et la famille de Léonard se tenaient à nos côtés et pleuraient! Je portais une robe de chiffon beige, et Léonard, un costume gris. Nous avions réunis soixante-cinq invités dans une salle à manger privée. Le club où nous étions servait un buffet du dimanche midi et tous nos invités ont beaucoup mangé. Il y avait, bien sûr, le champagne pour tout le monde. Nous avions un orchestre et un photographe: c'est important les jolis souvenirs! C'était beau! Une belle cérémonie solennelle et attendrissante et une fête très joyeuse où tout le monde a dansé, chanté, trinqué et fait un peu les fous; c'est exactement ce que nous voulions.

Nos valises étaient déjà dans la voiture et nous avons quitté la réception pour passer la fin de semaine à Palm Beach dans notre hôtel préféré. Et un mois plus tard, nous avons fait un voyage en Europe.

Mon amie Marilyn, elle, a décidé de se marier chez elle, en fin d'après-midi. Elle et son fiancé avaient invité une centaine de personnes. Marilyn portait une robe longue sans chapeau et son fiancé, Norman, un costume et une cravate. Les enfants de Marilyn étaient là et ils se tenaient près du couple pendant la cérémonie. Puis un traiteur a servi un buffet; il y avait un bar et un orchestre; tout le monde s'est beaucoup amusé. Et la gardienne s'était tant amusée qu'elle n'était plus en mesure de garder les enfants; heureusement, un parent charitable a offert de garder les enfants et le couple a pu partir en voyage de noces pour la fin de semaine.

Une autre de mes amies s'est mariée chez elle, dans son salon. Elle portait une robe toute simple et le marié, un complet foncé. Après la cérémonie ils ont servi le champagne, puis le couple a invité tout le monde à aller manger au restaurant.

Ma fille, Leslie, s'est remariée récemment et la cérémonie a eu lieu chez son mari Marwin, dehors, dans le jardin, par une belle journée ensoleillée en présence des deux familles et de quelques amis intimes. Elle portait une robe de batiste à la cheville, pas de chapeau, et Marwin, un complet foncé. Ma fille Wendy et moi avions préparé des hors-d'œuvre que nous avons servis après la cérémonie pendant que les hommes versaient le champagne. C'était le jour de l'Action de Grâce et nous sommes tous allés dîner au restaurant, dans une salle à manger privée. Puis le couple s'est retiré quelques jours dans un hôtel local. Un mois plus tard, la veille de Noël, ils ont donné une grande fête chez eux et réuni à peu près 250 personnes; il y avait de la musique, un buffet, à boire... Une belle, une grande fête! Le fait de donner la réception plus tard leur a permis de mieux la planifier et, surtout, de la planifier plus calmement.

Comme vous le voyez, vous pouvez vous permettre d'avoir la sorte de mariage que vous voulez. Si vous avez de bons amis et votre famille près de vous, ce sera beau, chaleureux, et vous serez heureuse; je vous le promets! Et après tous ces changement affectifs et pratiques que vous avez connus pendant vos années de vie de femme célibataire, vous serez si heureuse et si reconnaissante à la pensée de commencer une nouvelle vie de couple que vous aurez l'impression de vous envoler. Et ce mariage sera peut-être plus romantique et plus une fête que le premier. Votre vie à tous deux est tellement plus riche maintenant, et vous avez des amis et de la famille que vous n'aviez pas la première fois.

Vous entrez dans ce mariage sûrement mieux préparée que vous ne l'étiez la première fois. Vous êtes une personne plus entière, vous avez plus de maturité et vous tenez tant à ce que ce mariage soit meilleur que le premier. Vous vous comprenez tous deux comme seuls peuvent se comprendre des gens qui ont de la maturité, ce qui ne diminue en rien votre amour, votre affection, votre passion et votre enthousiasme.

Il s'est écrit beaucoup de très belles choses pour exprimer les liens, la loyauté et l'amour qu'on peut trouver dans le mariage, mais ce qu'en a dit Gerhard Neuheck à une réunion annuelle du Conseil national des relations familiales m'a particulièrement émue:

«Nous voici donc, époux, compagnons, amants, aides, mari et femme. Comme nous savons nous être utiles! Nous sommes le complément l'un de l'autre, nous savons nous ajuster, nous mêler, nous assembler et nous réunir; nous savons négocier, troquer, échanger; nous sommes une même chair. Je ne voudrais pas dénigrer les autres options, mais bravo pour le mariage. Bravo de pouvoir nous bâtir une histoire ensemble. Bravo pour une institution qui nous donne cette chance-là.»

Et bravo pour vous aussi! Vous aussi réussirez en tant que femme célibataire, et vous trouverez mari. Bonne chance, et soyez heureuse!